청년이 광야를 지날 때

청년이 광야를 지날 때
ⓒ 생명의말씀사 2025

2025년 6월 27일 1판 1쇄 발행

펴낸이 | 김창영
펴낸곳 | 생명의말씀사

등록 | 1962. 1. 10. No.300-1962-1
주소 | 서울시 종로구 경희궁1길 6 (03176)
전화 | 02)738-6555(본사) · 02)3159-7979(영업)
팩스 | 02)739-3824(본사) · 080-022-8585(영업)

기획편집 | 김자윤
디자인 | 최종혜
인쇄 | 영진문원
제본 | 보경문화사

ISBN 978-89-04-16923-8 (03230)

저작권자의 허락 없이 이 책의 일부 또는 전체를
무단 복제, 전재, 발췌하면 저작권법에 의해 처벌을 받습니다.

청년이 광야를 지날 때

하재성 지음

실패와 좌절, 외로움과 우울의 터널을 뚫고
예수님과 함께 새로 쓰는 인생 스토리텔링

생명의말씀사

추천사

존경하고 사랑하는 하재성 교수님께서 청년들을 향한 하나님의 마음을 글로 담아주셨습니다. 『청년이 광야를 지날 때』는 청년들에게 고난 중에도 믿음으로 담대하게 살아갈 용기와 소망의 메시지를 전하고 있습니다. 오늘날 청년들은 많은 어려움에 직면해 있습니다. 사랑의 결핍, 우울, 경쟁 속의 불안, 실패, 중독, 트라우마 등 수많은 고통의 서사가 그들의 삶을 가로막습니다. 그들에게 이 책은 고통의 서사가 끝이 아니며, 우리의 이야기가 하나님 나라의 이야기 안에 있다는 사실을 알려줍니다. 하나님 나라의 이야기는 이미 쓰여졌습니다. 우리는 그리스도 안에서 그 서사에 초대받았습니다. 그분의 서사 가운데 우리의 아픔, 실패와 고통은 특별한 부르심이 되고, 하나님의 선하심을 이루어가는 여정이 됩니다. 그래서 우리는 두려움 없이 하나님이 이끌어 가시는 인생 이야기에 기쁨으로 참여할 수 있습니다. 아픔의 서사를 숨기지 않고 드러내라는 저자의 권면은 이미 우리의 현실을 알고 계시고, 고통의 소리를 듣고 계신 하나님의 위로와 일하심으로 우리를 초청합니다. 많은 청년이 이 책을 통해 우리의 일상 가운데 동행하고 계신 하나님의 임재를 경험하기를 소망합니다. 또한 부록으로 제시하고 있는 청년들과 부모들에게 보내는 편지는 저자의 따뜻한 사랑의 권면을 담고 있습니다. 이 편지를 받는 독자들은 그들을 향한 하나님의 마음을 느낄 수 있을 것입니다. 귀한 책을 써주신 하재성 교수님께 감사드리며, 하나님의 은혜와 축복이 교수님의 사역과 이 책을 만나는 모든 독자에게 가득하기를 기도합니다.

김규보(총신대학교 상담대학원 교수, 『트라우마는 어떻게 치유되는가』 저자)

요셉이 자신의 인생을 "형들에게 질투받다가 배신당해 죽을 고생을 하고, 이집트에서 하나님께 순종했는데도 온갖 고통을 당하다가, 드디어 성공했나 싶었더니 죽도록 일만 하고 힘들었던 인생이었어요"라고 말한다고 상상해 보십시오. 그는 올바른 삶을 살고 희망찬 성품을 가질 수 없었을 것입니다. 이처럼 각 사람은 자신의 현재가 어떤 과거와 미래의 '이야기' 안에 둘러싸여 있는지 이해함에 따라 삶을 선택하게 돼 있습니다. 저자는 이 부분을 면밀하게 짚어낸 후, 방황하기 쉽고 희망을 가지기 어려운 청년들에게 복음이 어떻게 새로운 인생의 서사를 만들어내는지를 제시합니다. 특히 청년들의 서사를 여러가지 유형으로 분석한 2장은 엄청난 도움이 됩니다. 자신의 삶을 올바로 해석하고 싶은 청년들에게, 그리고 청년들의 고단한 삶을 이해하며 적실하게 복음을 전하는 청년사역자들에게 강력하게 추천합니다!

이정규(시광교회 담임목사, 『야근하는 당신에게』 저자)

저는 청년 사역자로 30년이 넘게 사역했습니다. 대부분의 청년들이 저마다의 문제를 갖고 있는데, 그 문제를 어떻게 해결하느냐에 따라 인생이 달라지는 것을 많이 봤습니다. 저는 사역자로서 청년들을 돕기 위해 상담학도 공부했습니다. 청년들이 이해되지 않았기 때문입니다. 이렇게 청년들 스스로 자신의 문제를 이해하고 어떻게 해결할지 알려주는 책을 소개하게 되어 기쁩니다.

『청년이 광야를 지날 때』는 청년들의 고통과 아픔을 서사로 풀어내고, 현실의 아픔에 주저앉지 않고 그 서사를 계속 이어가야 한다고 말합니다. 부족하더라도 자신의 스토리텔링을 시작해야 하며, 자신의 이야기를 하나님의 이야기와 통합함으로써 그 안에서 인생의 의미를 재해석해 나가야 합니다. 그렇게 할 때 비로소 자신의 인생 서사가 새롭게 이어질 수 있기 때문입니다.

'이야기'는 청년을 살립니다. 그래서 청년들의 이야기를 들어주는 공동체가 세워져야 합니다. 힘든 자신의 삶이 어떻게 하나님의 주권 안에서 아름다운 이야기로 변화되는지를 알아가길 원한다면, 사랑하는 제자들이 자신의 고통 또한 하나님의 인도하심으로 바라볼 수 있도록 돕고자 한다면, 이 책을 꼭 읽기를 권합니다. 특히 각 장 끝의 내용 요약과 분석, 그리고 그 분석을 함께 나누며 실제로 이야기를 만들어갈 수 있도록 돕는 구성은 공동체 안에서 활용하기에 적합합니다. 책 마지막에 저자가 자신의 20대를 돌아보며, 만약 다시 20대가 될 수 있다면 무엇을 할지를 이야기하는 부분은 20대들이 자신의 이야기를 정리하는 데 많은 도움이 될 것입니다. 책을 읽고 나누며, 모든 이들이 자신의 인생 이야기(Life Story)가 하나님의 이야기(hiStory, 역사)가 되는 경험을 하게 되기를 기대하며 필독을 권합니다.

허태영(목사, SFC 대표 간사)

CONTENTS

추천사
감사의 글
들어가는 글 청년들의 서사는 오늘도 계속 쓰여야 한다

PART 1 나의 인생 스토리텔링을 찾다

1장_문제는 이야기다 17
청년 서사, 당신이 주인공이다 | 이야기는 왜 중요할까? | 청년의 서사는 계속돼야 한다
서사 노트 문장 완성 검사로 알아보는 나

2장_말하라: 아픔을 마주해야 변화가 일어난다 29
거울 서사 – "사랑받지 못했나요?" | 블루 서사 – 왜 나는 우울할까? | 손절 서사 – 경쟁에서 뒤처진다는 불안 | 중독 서사 – 값싼 위로가 유혹할 때 | 트라우마 서사 – 끔찍한 일을 당하다 | 노예 서사 – 잔인한 주인에게서 벗어나라 | 청년 공황 – 마음이 보내는 거짓 신호들
서사 노트 과거와 현재를 알아보는 질문들

3장_거부하라: 사단의 집요한 방해를 물리치기 55
당신의 서사가 공격당한다 | 사단은 어떻게 서사를 비틀까? | 서사를 가로막는 요인 발견하기
서사 노트 우울증 자가진단 체크리스트

PART 2 **새롭게 쓰는 청년의 이야기**

4장_통과하라: 어둠의 터널을 뚫어야 한다   91
격려로 이야기 전환하기 | 스토리텔링을 시작하라 | 새로운 이야기를 위한 준비물
서사 노트 우울증에 도움이 되는 방법들

5장_옮겨가라: 하나님이 주시는 새로운 이야기   125
새 이야기꾼을 만나다 | 우리의 결말은 이미 기록돼있다 | 하나님의 영원한 이야기에 통합되기 | 부활과 영생이라는 영원한 이야기
서사 노트 나의 인생 서사 5단계

6장_완전히 달라진 당신의 이야기   149
실패와 고통을 새롭게 보다 | 취준생도 부르심이다 | 언약 안에서의 이성 교제 | 순순히 잘 꺾이는 것이 복이다 | 공동체와 함께 쓰는 이야기
서사 노트 당신의 미래를 위한 질문

부록 청년에게 보내는 특별한 편지
　　　청년을 부탁하는 특별한 편지 – 부모님과 청년 사역자분들에게
맺는 글 청년 이야기를 마무리하며
주

감사의 글

요셉은 감옥에서 20대를 보냈습니다. 다윗은 광야에서 새벽이슬을 맞으며 20대를 보냈고, 예수님은 무명의 시골 목수로 20대를 보내셨습니다. 요셉은 갇혀 있는 그곳에서 다른 죄수의 얼굴에 드리운 근심을 살피고 안부를 물었습니다. 다윗은 자신을 따르는 사람들과 가족들을 돌보며 때로는 수염에 침을 흘리는 광인이 되기도 했고, 돌에 맞아 죽을 위기를 겪기도 했습니다. 예수님은 아마 목공일 같은 육체노동을 하며 가족들의 하루 먹을 빵을 위해 묵묵히 일하셨을 것입니다.

이 책을 쓰며 요셉처럼, 다윗처럼, 예수님처럼 하루하루의 일상을 모아 20대의 강을 건너고 있는 청년들에게 먼저 감사의 마음을 전하고 싶었습니다. 청년들이 오늘 하루를 잘 견딜 수 있기를 기도합니다. 내일을 맞이할 마음의 준비가 되어있다면 더할 수 없이 자랑스러운 일입니다. 부디 이 땅의 모든 청년이 힘을 내어 자신만의 서사를 마지막 날까지 아름답게 써가기를 바랍니다.

이 책을 쓰면서 가장 많이 생각했던 청년이 있습니다. 그가 이 말을 저의 귀에 넣어주었습니다. 그는 조현병 때문에 찾아온 자기 이야기의 상실과 서사의 단절을 그토록 슬퍼했습니다. 훗날 다시 만날 수 있다면 지금 그가 누리는 영광스러운 서사에 대해 꼭 들어보고 싶습니다. 아울러 용기 있게 기꺼이 찾아와 저와 상담했던 많은 청년에게 감사의 마음을 전합니다.

청년들의 영혼을 돌보는 연구를 할 수 있도록 후원해 주신 포도원교회 김문훈 목사님과 성도님들께 감사드립니다. 여러분의 지원이 이 책의 집필에 큰 힘이 되었습니다. 또한 우울하고 힘든 청년들을 위한 책을 기획하고 출판하기까지 모든 과정을 세밀하게 돌보아주신 생명의말씀사 편집부에도 감사드립니다. 고려신학대학원의 연구조교로 반복해서 원고를 읽어주고 수정해 준 장준영 전도사님에게도 감사의 말을 전합니다. 이 글이 마무리될 때까지 격려해 준 아내와, 청년들의 마음을 수시로 들려준 세 명의 20대 자녀들에게도 고마움을 전합니다. 끝으로 이 모든 것을 가능하게 하신 하나님께 모든 감사를 드립니다.

들어가는 글
청년들의 서사는 오늘도 계속 쓰여야 한다

'MZ세대'라는 말이 귀에 익숙해진 지 오래되지 않았습니다. 처음에는 매우 낯선 단어였는데 자녀들이 MZ세대라 이제는 친근감마저 생깁니다. 세대 이름도 흥미롭지만 알아갈수록 그들의 문화도 인상적입니다. 그들을 통해 세상을 바라보는 새로운 시각도 배웁니다.

'밀레니얼 세대', 'gen-Z' 등 청년 세대마다 붙여주는 이름들이 그들을 우리와 다른 존재로 만들지는 않는 것 같습니다. 그들은 낯설고 이상한 종족이 아니라 바로 우리 곁에 있는 존재들이니까요.

세대는 달라도 청년기는 비슷합니다. 서로 다른 시대를 살아도 청년기의 불안은 공통적이고, 통제와 간섭에서 벗어나 자유를 원하는 모양도 같습니다. 부모가 청년기에 느꼈던 불안과 방황, 혼란과 두려움, 기대와 포부가 자녀들에게도 똑같이 있다는 사실을 생각하면 그들의 마음을 이해해 주고 싶습니다. 그때 나에게도 잘하고 있다고, 힘을 내보자고 누군가 한마디만 해주었더라면 세상이 훨씬 덜 무섭고 짐은 덜 무거웠을 테니 말입니다.

청년의 이야기는 듣는 이들을 초대해 서로의 세계로 안내하는 신기한 힘이 있습니다. 어느 순간에 마주하든 주목과 시선을 끄는 힘을 가지고 있지요. 이것을 가리켜 "감정이 납치되는 경험"[1]이라 부르기도 합니다. 그런데 안타깝게도 참신하게 내일을 꿈꿔야 할 청년들의 서사가 현재 위험에 처해 있습니다. 청년들의 생동감 넘치는 이야기가 무한 경쟁과 비교 속에 주저앉고, 침묵을 요구하는 환경에 눌려 있습니다.

우리는 이 책에서 청년 한 사람 한 사람의 이야기, 즉 '청년 서사'를 들여다볼 것입니다. 이야기의 서술자이자 주인공은 청년이며, 그들이 자기 삶의 사건들을 설명할 것입니다. 그리고 진정한 이야기꾼이신 하나님의 서사를 만나 새롭게 쓰이는 청년의 이야기를 마주할 것입니다.

청년의 이야기는 곧 청년의 인생입니다. 그들의 이야기는 어둠을 뚫고 나와야 합니다. 꽃이 피듯 활짝 펼쳐져야 합니다. 이야기를 멈추면 인생도 멈추지만, 이야기를 시작하는 것은 새로운 해석과 변화를 시작하는 일이 될 것입니다.

PART I

나의 인생
스토리텔링을 찾다

"우리는 단순히 다른 사람들의
이야기에 등장하는 인물을 넘어
우리 자신의 삶에 일차적 작가다."

1
문제는 이야기다

『서사의 이론』은 다음 문장으로 시작합니다.

"이야기를 제시하는 것은 모두가 서사이다."[2]

서사에는 기본적으로 두 가지 핵심 요소가 있습니다. 이야기와 서술자입니다. 서술자가 이야기를 풀어내는 것이 서사이며, 일반적으로는 사건(事)을 차례대로 펼쳐내는(敍) 전달 양식을 뜻합니다. 이러한 서사는 서구의 전통적 이론에서 주로 소설이나 설화와 같은 문학적 서사만을 가리켰습니다. 그런데 최근에는 그 범위가 넓어지기 시작했습니다.

『서사학』의 저자 제랄드 프랭스는 문학적 서사에 "이야기하는 정상적인 대화"를 포함시켰습니다. 이는 일상적인 개인의 이야기를 포함하는 것으로, 이제 넓은 개념의 서사는 우리의 하루하루의 이야기를 뜻하게 되었습니다. 인간이 있는 곳이라면 어디에나 존재하는 삶의 실제 이야기, 저와 여러분의 이야기가 곧 서사입니다.

청년 서사, 당신이 주인공이다

생물학자들이 신체적 성숙의 나이를 25세로 늦추는 바람에 청소년기가 그제야 끝난다고 말하는 사람들이 있습니다. 그러나 청년기는 청소년기와 겹치지 않습니다. 청년은 청소년과 구별되고, 안정기에 접어든 성인과도 차이가 납니다.

이러한 청년들을 가리켜 제프리 아네트는 "떠오르는 성인들"(Emerging Adulthood)이라고 했습니다. '성인'이라는 말은 자기 정체성에 대해 중요한 결정들을 내릴 권한과 책임이 있다는 뜻이고, '떠오른다'라는 말은 이전보다 훨씬 더 진지하게 생각하며 산다는 뜻입니다. 이들은 이제 부모님이 말하는 현실이 아니라 자신의 현실을 직접 건설하기 시작합니다. 그래서 청년기는 자신이 사는 집 너머에 있는 저녁 하늘을 바라보며 오래된 질문을 시작하는 시기라고 했습니다.

"이 많은 별 아래 살아가는 나는 누구일까?"
"내 인생이 머무를 장소와 삶의 목적이 있을까?"
"우리는, 나는 외톨이인가?"[3]

이 질문들은 곧 자기 인생의 작가로서 묻는 다음 질문들로 연결됩니다.

"나는 어떤 이야기를 써가야 할까?"
"내 이야기를 사람들이 관심을 가지고 들어주기는 할까?"
"그건 나에게 진실하고 참된 이야기가 될까?"[4]

청년에게는 자신의 이야기를 써내려갈 권한이 주어집니다. 인생의 항해를 시작하며 자신의 정체성, 경제적 형편, 인간관계를 엮어 어떤 이야기를 써갈지 고민을 시작합니다. 부담도 크고 불안한 요소도 많을 것입니다. 그러나 어떤 좋은 작가나 좋은 이야기도 저절로 만들어지지는 않습니다. 당신의 서사를 좋은 이야기들로 써나가야 합니다. 이제 여러분이 작가이자 주인공입니다.

이야기는 왜 중요할까?

이야기로서의 서사에는 힘이 있습니다. 『최근 서사이론들』의 월리스 마틴은 우리 삶에 서사가 중요하다는 사실을 다음과 같이 강조합니다.

"우리들 개개인에게는 개개인의 역사, 즉 우리들의 존재 및 진로를 형성할 수 있는 우리들 자신의 삶의 서사들이 있다. 만약에 우리들이 상이한 시각에서 그러한 이야기의 이벤트들을 해석하며 그 이야기를 변경한다면 많은 것이 달라질 것이다."[5]

청년들은 저마다의 이야깃거리를 가지고 있습니다. 세상의 수많은 서사의 한복판에서 자신만의 극을 이끌어가지요. 이러한 서사는 곧 청년들의 생명과도 일치합니다. 프리드먼과 콤즈는 우리 삶의 내러티브가 곧 "우리의 인생"이라고 설명했습니다.[6] 청년들이 아직 긴 인생을 살지는 않았지만 그들의 서사 속에는 아픔과 기쁨이 있고, 좌절과 소망, 우울과 회복의 기회 또한 함께 존재합니다.

서사를 구성하는 이야기의 조각들은 객관적인 사실 보고에 그치지 않습니다. 일어난 일들만 묘사하는 것도 아닙니다. 이야기는 곧 해석입니다. 무슨 일이 발생했는지를 자신의 관점에서 설명하는 것이지요. 그런 의미에서 청년들은 해설가이며, 그들에게는 창의적으로 자기 이야기를 풀어낼 수 있는 능력이 있습니다. 자신의 이야기를 들려주고, 상대의 이야기를 들을 때 우리는 사건들을 새로운 시각으로 해석할 수 있습니다. 그 지점에서 삶의 많은 것들이 달라집니다.

한편, 이야기는 사회에도 필요합니다. 사회라는 거대한 서사는 개인 한 사람 한 사람의 이야기를 기둥 삼아 존재하기 때문입니다. 이야기의 조각들이 파편화된 삶을 묶어 공동체의 이야기가 되고, 그것이 사회와 연결됩니다. 그중에서도 아직 펼치지 못한 서사와 쓰이지 않은 가능성으로 가득한 청년들의 이야기는 세상이 주목하는 대상이지요. 청년들의 이야기는 그 자체로 사람들의 관심을 끌어내 무관한 사람들마저 관계를 맺게 하는 힘이 있습니다. 청년들의 서사가 끊어지지 않고 계속 이어져 세상에 들려야 하는 이유입니다.

청년의 서사는 계속돼야 한다

5년 이상 은둔 생활을 했던 청년이 있었습니다. 어려움이 가장 심했을 때 그는 1년 동안 단 한 번도 바깥출입을 하지 않았습니다.

"처음 창문을 열었을 때는 벚꽃이 피고 있었는데 두 번째 창문을 열었을 때는 눈이 내리고 있었어요."

아, 얼마나 오랫동안 깊은 어둠에 갇혀있었던지! 그의 서사는 단절돼버렸습니다. 시간의 흐름, 밤낮의 변화, 심지어 계절의 변화조차 잊어버렸습니다. 과연 그에게는 봄 다음의 여름이라는 계절이 올까요?

우리의 삶은 시간과 이야기로 이루어져있습니다. 시간이 흐르고 이야기가 연결되는 것은 따로따로 끊어진 사건의 합이 아닙니다. 마치 한 개의 밧줄처럼 하나의 이야기로 우리 삶을 구성하지요. 그래서 서사를 말하는 일은 단절된 사건들에 질서를 부여하는 일이자 과거, 현재, 상상을 연결하는 연속성을 창조하는 일이라고 할 수 있습니다.[7] 이러한 서사는 인간의 경험을 이해하는 근본적인 수단입니다. 그러므로 이야기를 말하는 사람은 삶의 의미와 살아야 할 이유를 만들고 유지하는 사람입니다.

따라서 이야기의 단절은 삶의 단절과 같습니다. 청년들의 이야기가 아직 불안정할 수 있지만 어떤 이유에서든 서사가 멈추어서는 안 됩니다. 서사는 꼭 희망과 성공의 이야기가 아니어도 됩니다. 아픈 이야기도 괜찮습니다. 성경의 인물들도 하나님께 자신의 아픈 감정을 토로했습니다. 엘리야는 너무 힘겨우니 자기 생명을 거두어달라고 기도했고, 욥은 자신이 도대체 왜 태어났는지 모르겠다고 탄식했습니다. 하지만 그들은 모두 하나님의 사랑받는 사람들이었습니다. 하나님께 하소연한 사람들이었습니다. 중요한 것은 그들이 이야기를 멈추지 않았다는 사실입니다. 결국 그들은 아픔과 시련 후에도 계속 이야기를 만들어 위대한 서사를 완성했습니다.

> 너는 피투성이라도 살아있으라 다시 이르기를 너는 피투성이라도 살아있으라 하고(겔 16:6).

고난과 역경이 아닌, 이야기의 단절이 생명의 단절을 부릅니다. 비록 청년들이 이야기를 이어나가기 힘든 오늘날이지만, 염려하지 마십시오. 삶이 계속될 수 있는 실마리는 청년 이야기 속에 필연적으로 감추어져 있습니다. 꼭꼭 숨겨져 있지만 반드시 발견될 수 있습니다.

청년은 살아서 이야기해야 합니다. 아프고 억울해도 생의 이야기를 멈춰서는 안 되겠습니다. 이제 막 시작하는 그들의 이야기는 과거와 미래의 교차로이며 그 안에서 내일로 이어주는 이야기가 발견될 것입니다. 청년의 서사는 매일 새롭게 쓰이고, 서사를 위한 새로운 경험들도 계속 만들어져야 합니다.

당신의 이야기는 특별하다

첫째, 청년기는 자기 인생의 작가가 되는 시기이다. 청년들은 더 이상 부모가 제시하는 현실이 아닌 자신만의 현실을 직접 건설하며, 어떤 이야기를 써갈지 고민하기 시작한다. 둘째, 서사는 단순한 사실의 나열이 아니라 자신의 관점에서 사건들을 해석하는 창의적 행위이다. 이러한 이야기에 우리 삶의 많은 것을 달라지게 하는 힘이 있다. 셋째, 그래서 서사의 단절은 곧 생명의 단절을 의미한다. 엘리야와 욥처럼 아픔과 시련의 이야기라 할지라도 청년의 이야기가 멈춰서는 안 된다. 내일로 이어주는 희망의 실마리를 계속해서 써나가야 한다.

> **서사 노트** 문장 완성 검사로 알아보는 나

미완성의 문장에 자신의 생각이나 감정을 자유롭게 적어보세요. 의식하지 못했던 내면의 생각, 감정, 동기, 갈등 등을 발견할 수 있습니다. 현재 자신의 내적 상태를 이해하고 신앙적 관점에서 하나님이 자신에게 주신 독특한 성격, 가치관, 열정, 두려움 등을 발견하게 될 것입니다.

나의 과거에 대하여

- 나의 어린 시절은 _____과 같은 시간이었다.

- 그때의 나는 _____을 가장 중요하게 생각했다.

- 나를 가장 잘 나타내는 단어는 _____이었다.

- 어른들은 나를 _____라고 불렀다.

- 지금 생각해 보면 어린 시절의 나는 _____이 필요했던 것 같다.

나의 현재에 대하여

- 지금의 나는 _____한 사람이다.

- 나를 가장 힘들게 하는 것은 _____이다.

- 내가 가장 중요하게 생각하는 것은 _____이다.

- 사람들은 나를 _____라고 생각하는 것 같다.

- 나의 가장 큰 장점은 _____이다.

- 나의 가장 큰 단점은 _____이다.

- 나는 _____할 때 가장 행복하다.

- 나는 _____할 때 가장 불안하다.

- 나에게 가장 필요한 것은 _____이다.

- 나를 지탱해 주는 것은 _____이다.

하나님과의 관계에 대하여

- 기도할 때 나는 주로 _____ 한다.

- 나는 성경을 읽을 때 _____ 하다.

- 내가 하나님께 가장 묻고 싶은 것은 _____ 이다.

- 하나님의 사랑은 나에게 _____ 의미이다.

- 내가 신앙 안에서 가장 두려워하는 것은 _____ 이다.

- 하나님이 나를 보실 때 _____ 라고 여기실 것이다.

- 내가 용서하기 가장 어려운 사건이나 사람은 _____ 이다.

- 내 믿음이 가장 흔들렸던 순간은 _____ 때였다.

- 나에게 교회란 _____ 이다.

- 내 삶의 이야기에서 하나님은 _____ 의 역할이시다.

답변 살펴보기

- 내 답변 중에서 가장 놀라웠던 것은 무엇인가요?

- 어떤 답변이 가장 쓰기 어려웠나요? 그 이유는 무엇일까요?

- 내 답변에서 발견한 나의 강점과 약점은 무엇인가요?

- 하나님은 이러한 내 모습을 어떻게 보고 계실까요?

- 이 답변들이 나의 신앙 여정과 어떻게 연결되나요?

"하나님,
내가 죽을 만큼 힘들 때
하나님은 어디 계셨습니까?"

2

말하라:
아픔을 마주해야 변화가 일어난다

아픈 이야기는 쉽사리 꺼낼 용기가 나지 않습니다. 그러나 숨기면 숨길수록 서사 단절의 유혹은 강해집니다. 2장에서는 청년들의 아픈 이야기들을 살펴보려고 합니다. 힘들고 절망적이지만 그러한 실패 역시 내 서사의 일부입니다. 밑바닥의 감정에서 이야기를 시작할 때, 엉킨 삶의 실마리가 조금씩 보일 것입니다.

거울 서사, "사랑받지 못했나요?"

"나는 참 구질구질한 인간이구나!"

청년 J군은 지금까지 누구에게도 사랑을 받은 경험이 없습니다. 사랑을 알지 못하니까 자기 자신도 사랑하지 못했고 스스로를 "참 못난 사람"으로 여겼습니다. 그래서 거울에 비친 자신을 쳐다보는 것이 견딜 수 없이 싫었습니다.

자기비하의 원인은 명확했습니다. J군의 아버지는 그가 초등학생이 되기 전에 돌아가셨고, 어머니는 두 형제를 버리고 떠났습니다. 형제는 괴팍한 친척에게 학대받으며 자랐고, 유일한 가족인 동생마저 대학생일 때 사고로 세상을 떠났습니다. 청년이 성장할 때 그 누구도 이 청년의 아름다움에 대해 그에게 말해 준 사람이 없었습니다. 그 누구도 이 청년에게 "너는 소중하다"라고 말해 주지 않았습니다.

J군은 스스로 못난 사람이라고 생각했지만 그럴수록 안정감과 신뢰감을 주는 좋은 사람이 되고 싶었습니다. 하지만 도무지 변화의 기미가 보이지 않았고, 그는 무기력과 우울에 빠져 급기야 분노를 표출하게 되었습니다. 여기서 무기력이란 '항의하거나 슬퍼하거나 퇴행하거나 또는 위안을 받을 수 없는 심한 무력감'을 말합니다.[8] 무력감을 많이 느낄수록 우울증을 앓게 될 가능성이 높습니다. J군은 궁금했습니다.

"내가 나를 사랑하지 못하면 아무도 나를 사랑할 수 없는 걸까요?"

과연 그럴까요? 아닙니다. 내가 나를 사랑하지 못할 때도 누군가는 나를 사랑할 수 있습니다. 사랑은 언제나, 누구에게나, 그럴만한 이유가 있기 때문이 아니라 사랑스러운 이유를 만들며 생기는 것이기 때문입니다. 기독교 변증가인 C. S. 루이스는 하나님의 사랑이 원래 좋은 점을 발생하게 하는 '초인간적'이고 '모순적'인 사랑이라고 말합니다. 하나님께는 부족한 것이 없음에도 그분은 피조물인 우리를 사랑하셨고, 그 사랑은 대상 안에 있는 좋은 점 때문에 발생하지 않다고 말합니다. 하나님이 그가 가진 모든 좋은 것들을 발생하게 하시고, 그것이 사랑스러움이 되게 하십니다.

우리의 이야기가 신화가 아니면 어떻습니까? 가난하고 실패한 당신의 이야기를 하나님은 오히려 소중하게 여기십니다. 그리고 나를 사랑하는 한 사람, 혼란스럽고 정리되지 않는 내 이야기를 소중히 여기는 한 사람이 반드시 있습니다. 그 한 사람으로 우리는 충분합니다.

블루 서사, 왜 나는 우울할까?

"우울증이 너무 심해서 아무것도 할 수가 없어요. 가족들이 저 때문에 힘들어하는 걸 보면 저한테 화가 나기도 하고요. 자책도 하고 분노도 하고……."

오랫동안 청년들을 상담해오면서 저도 모르게 눈물이 맺히는 순간이 있습니다. 청년들이 깊은 우울에 갇혀 힘들어하는 모습을 볼 때입니다. 우울증은 새벽이슬 같은 청년들과는 어울리지 않는 탈진과 무기력의 종착역입니다. 우울증의 타격은 굉장히 큽니다. 뜬금없이 찾아와 청년의 자유를 빼앗고 생명마저 위협하지요. 마치 십자가에 달린 죄수의 다리를 꺾어 쇼크로 숨을 끊어놓았던 로마 군인들 같습니다. 청년들의 허벅지와 고관절을 공격해 사기를 꺾고 관절을 흔들어놓습니다. 조사 결과를 보면 현재 많은 청년이 우울증으로 인한 통증과 죄책감, 자살 충동에 시달리고 있습니다. 코로나 이후 청년들의 우울증은(20대 30%, 30대 30.5%) 60대의 우울증보다(14.4%) 두 배 이상 높아졌다고 합니다. 죽고 싶다는 생각이 온종일 따라다닌다고 상상해 보십시오. 그것이 1년 혹은 10년, 20년 동안 이어진다면 어떻겠습니까?

청년들의 우울한 이야기는 오랜 아픔에서 시작합니다. 저녁마다 술에 취한 엄마는 딸을 볼 때마다 칼을 들고 죽이겠다고 소리쳤습니다. 분노에 가득 찬 아빠는 길거리 공사장의 철근 절삭기로 어리고 예쁜 딸을 죽이겠다고 협박했습니다. 쉬지 않고 잔소리하는 엄마 때문에 의사인 청년은 그만 약물중독에 빠져버렸습니다. 유학 중인 딸에게 남자친구가 생기자 화가 난 아빠는 맨손으로 유리잔을 깼고, 아빠 손에 흐르는 피를 보고 딸은 너무 무서워 소변을 지렸습니다.

그들의 이야기는 마음을 저미는 아픔으로 가득합니다. 이렇게 행복 대신 허무함, 만족 대신 조급함이 청년 정서를 우울하게 하고 매일 죽음의 사자와 혈투를 벌이게 합니다.

"한번 망가진 인생인데 바로잡을 수 있을까요?"

우울증은 청년 서사를 방해하는 흙먼지와 같습니다. 눈을 아프게 하고, 시야를 흐리게 하고, 인상을 찌푸리게 하고, 숨 쉬기조차 어렵게 하지요. 하지만 우울한 이야기도 엮어내어 서사를 이어나가야 합니다.

그렇게 나의 삶이 아픈 서사들의 모음집인 것을 발견하면 우울한 이야기 자체가 모순이란 것도 자각하게 됩니다. 우울한데 날카로움이 있고, 무기력한데 난폭함이 함께 있고, 죽고 싶은데 살고 싶은 모순들입니다. 그때는 다시 산 자가 되어 새로운 이야기, 사는 이야기를 조금씩 시작해보면 되지 않을까요?

우리가 병들었을 때 스스로 자신을 고립시킬 필요가 없습니다.[9] 삶과 이야기는 어차피 타인과 엮이게 되어있습니다. 삶의 이야기 속으로 다시 들어오게 하는 것은 말기 암을 앓는 사람이든, 우울증을 앓는 사람이든, 용기를 가진 사람의 행동입니다. 처음에는 아파하는 자신에게, "그래도 살라"라고 말하는 사람들을 이해하지 못할 수도 있습니다. 몸과 마음의 병이 자포자기하게 하니까요. 하지만 일단 입을 열고 이야기를 시작하면, 고립과 우울을 조금씩 떨쳐낼 수 있습니다. 서사가 공감을 받으면 문제가 더는 문제가 아니게 됩니다. 누군가 들어주는 사람이 주변에 있다면 해석의 관점 역시 바꿀 수 있습니다.

가장 가난하고 초라한 청년 서사에도 하나님의 내러티브는 강력하게 찾아옵니다. 부모에게 버림받고, 사람들에게 차별과 정서적 학대를 받아도, 여전히 위로받고 다시 일어설 수 있는 것은 하나님이 황폐하고 주저앉은 우리 마음에 찾아오시기 때문입니다. 하나님께 이야기하시기 바랍니다. 하나님은 청년의 이야기 속에 그분의 이야기를 펼쳐가기를 원하십니다.[10]

손절 서사, 경쟁에서 뒤처진다는 불안

"나는 남들처럼 1인분의 삶을 살고 있는 걸까요?"

무언가로부터 거절을 당하면 마치 인생이 끝난 것 같습니다. 대입 실패, 데이트 거절, 취업 불합격 등을 경험하며 청년들은 자신의 존재 가치를 의심합니다. "다른 친구들은 취업도 잘하는데 나는 뭐가 잘못된 걸까?"라는 질문이 그들을 괴롭힙니다.

한 청년은 2점만 더 받으면 서울 소재 대학에 갈 수 있다고 믿고 재수했지만, 오히려 점수가 떨어졌습니다. 그때 뒤따르는 생각은 자기 학대의 수준이었다고 합니다.

'나는 밥 먹을 자격도 없어!'

'이번에도 떨어지다니, 난 살 가치가 없어.'

사실 진학과 취업은 청년들이 오래 꿈꾸고 노력한 결과로서 자연스럽게 이야기의 한 매듭이 돼야 합니다. 하지만 노력이 마땅히 보상을 받지 못할 때, 청년들 사이에서는 자조 섞인 풍자가 유행합니다.

"아무도 경력 쌓을 기회를 안 주는데 회사는 경력자만 뽑네요?"

"와, 대학 졸업했으니 이제 마음껏 쿠팡 알바를 할 수 있게 됐어요!"

오늘 같은 물질주의 사회에서 경제적인 수익은 자존감과 밀접하게 연결되어 있습니다. 사실 취업의 기회 자체가 급격히 줄어든 것은 청년들의 탓이 아닙니다. 기업들이 면접과 채용을 연기해 체감 실업률이 높아졌기 때문입니다. 경력 단절이 불가피해지고 이는 앞으로 10년간의 임금 하락에 영향을 미칠 수 있습니다.

청년 실업은 재정 압박과 사회적 고립, 더 나아가 자살까지 불러올 수 있는 심각한 사회 문제입니다. 실제 실업 때문에 자존감이 떨어진 청년들의 10.6%가 자살 충동을 느낀다고 하며, 구직 청년의 60.6%는 그런 자살 충동에 공감한다고 합니다.

청년들의 조급성을 가중시키는 것이 바로 비교와 경쟁 문화입니다. 소셜미디어는 멋지고 행복하고 성공한 사람들의 이야기로 도배되어 있고, 그 안에 자신은 버림받은 사람처럼 느껴집니다. 무신론자들은 적자생존을 이야기하고 성공한 자만이 트로피와 의미를 독차지할 수 있다고 말합니다. 남을 밟고 올라서는 오만한 승리자가 되라고 부추깁니다. 그러나 우리는 종종 길을 잃게 하는 나쁜 이야기의 덫에 걸려서는 안 됩니다. 다른 사람처럼 성공하지 못한다고 해서 내 삶이 실패하지 않습니다. 그저 나의 서사는 계속됩니다. 이때 서사의 연속이란 그저 이야기 자체가 이어지는 것이 아닙니다. 갈수록 좋아지고, 깊어지고, 더 아름다워지는 이야기의 점진성을 말합니다. 그래서 바울은 부득불 자신의 약한 것을 자랑한다고 말했습니다.

> 그러므로 내가 그리스도를 위하여 약한 것들과 능욕과 궁핍과 박해와 곤고를 기뻐하노니 이는 내가 약한 그때에 강함이라(고후 12:10).

하나님을 믿는 청년이 실패의 이야기에도 중요한 의미를 둘 수 있는 것은 신의 섭리를 믿기 때문입니다. 자기 삶에 주어진 신적 의미를 기꺼이 받아들일 때, 마침내 초월 차원의 완성에 이르게 될 것입니다. 고난을 겪는 청년들이 궁극적으로 다다라야 하는 지점이며, 그 은혜는 예외 없이, 불가항력적으로, 은혜를 사모하는 사람들에게 찾아올 것입니다.

중독 서사, 값싼 위로가 유혹할 때

"그나마 술을 마실 땐 힘든 일도, 불안함도 잊어버려요."

중독은 병든 의례와 같습니다. 자신과 가족에게 해로운 줄 알면서도 은밀하고 반복적으로 행하기 때문입니다. 마약도, 술도, 도박도 그렇습니다. 한 사람이 도박 중독에 빠지면 평균 3.5명의 인생이 함께 망가진다고 합니다.

중독의 원인 역시 그 뒤에는 대부분 아프고 힘든 서사가 숨어있습니다. 힘든 현실 가운데 잠시의 '위로'를 얻고자 흡연이나 음주에 빠져들었습니다. 하지만 그 위로는 가짜였습니다. 결국 우리의 몸과 마음을 해치기만 했기 때문입니다. 흡연 때문에 고혈압, 당뇨, 신장병, 폐 질환, 심장 질환 등을 앓으면서도 담배를 끊지 못하고 더 깊이 의존하는 사람들이 얼마나 많은지 모릅니다.

게임 역시 중독성이 강한데, 게임은 초보자들에게도 많은 보상을 줍니다. 서툴러도 다시 '기회'를 주면서 포기하지 않고 계속하도록 '격려'하기를 마지않습니다. 아이러니하게도 청소년이나 청년들은 세상에서 얻지 못한 성취감을 게임에서 경험하게 됩니다. 그들이 가정이나 학교, 혹은 사회에서 이런 격려와 보상을 받았다면 얼마나 좋았을까요? 어떤 학생의 말이 인상적이었습니다.

"우리가 게임이 좋아서 하는 거 아니에요. 게임보다 더 좋아하는 거 있어요."

"그게 뭔데?"

"엄마 아빠랑 대화하는 거요!"

술도 마찬가지입니다. 깊은 상처를 받았을 때 술은 좋은 '친구'인 것 같습니다. 독주를 마시면 외로움도, 분노도, 고통도 잠시 잊을 수 있습니다. 하지만 술 역시 외로움이나 무너진 관계를 치유해 주지는 못합니다. 오히려 힘들 때 마시는 술은 자기 자신을 해치고 싶은 충동까지 들게 하는 매우 위험한 존재입니다. 그러므로 우울할 때는 음주를 멈춰야 합니다.

좋은 사람도 술을 먹으면 거친 사람이 될 수 있습니다. 아니, 그 사람은 애초에 좋은 사람이 아닙니다. 술을 먹었을 때 자신을 통제할 수 없다는 사실을 알고도 술을 마시기 때문입니다. 마시기 전과 후가 다른 사람들은 결국 사랑하는 사람들에게 큰 상처를 줄 수 있습니다.

요즘 청년들 사이에서는 술을 마시는 사진을 찍어 올리기 위한 감성 소비와 SNS의 유명 장소에서 술을 마시는 모방 소비가 유행합니다.[11] 그러나 술은 멋이 아닙니다. 시원한 음료도 아니며, 분위기를 좋게 하는 친구도 아닙니다.

"아무리 다시 결심해도 계속 실패하는데 정말 끊을 수 있을까요?"

흔히 중독자들은 자기가 마음만 먹으면 중독을 끊을 수 있다고 '확신'하지만 실제로는 그렇지 않습니다. 좋은 습관을 시작하려는 사람일수록 나쁜 습관의 저항이 얼마나 센지 알게 됩니다. 미국의 알코올중독자협회(Alcoholics Anonymous)는 12단계의 회복 프로그램을 제안하면서, 자신들은 알코올을 극복할 힘이 없으며 "더 높은 힘"이 필요하다고 인정합니다. 그것은 원래 하나님의 능력을 말하는 것이었습니다.

중독을 끊으려면 인간의 결심과 의지 이상의 한 가지가 더 필요합니다. 바로 중독의 자리로 모셔야 할 예수님의 이야기입니다. 중독과 죄의 악순환을 끊기 위해 자신의 무력함과 통제불능을 인정하고 예수님을 그 마음에 모셔야 합니다. 새로운 사람으로 태어나 새로운 이야기를 시작하는 것이지요. 그분이 죽은 본성의 회복과 참된 인간 됨의 시작을 도와주실 것입니다.

누구나 힘들 때가 있습니다. 특히 청년기에는 반드시 힘든 시간이 찾아옵니다. 그럴 때 빠지기 쉬운 '거짓 위로' 대신 먼저 본인의 아픈 서사를 풀어내기 바랍니다. 저항하는 청년은 아름답습니다. 분별력 있는 판단과 중독되지 않으려고 절제하는 모습은 언제나 멋집니다. 중독과 싸우기 위해 더 강한 힘을 의지해야 합니다. 홀로 선 자만이 누군가를 도울 수 있습니다.

트라우마 서사, 끔찍한 일을 당하다

트라우마 같은 힘든 이야기는 귀 기울여 듣기가 어렵습니다. 말하는 사람도 힘들고 듣는 사람도 힘듭니다. 하지만 모든 이야기는 "앞으로 한 발 내딛기 위해 서 있는 하나의 작은 점"과 같습니다. 그것은 "모든 것을 바꿔놓을 수도 있는 작은 한 걸음"입니다.[12]

불안이 몸속까지 침투하다

고등학교 3년 내내 학교 폭력을 겪은 청년이 있었습니다. 두려움에 떨면서 3년을 지냈고, 학교에 있는 내내 불안했습니다. 다른 친구들이 봤고, 선생님도 아는 것 같은데 아무도 보호해 주지 않았습니다.

'쟤는 함부로 대해도 되는 애구나!'

처음에는 친구들이 그렇게 생각하는 것 같았습니다. 그런데 자꾸 당하다 보니 자신이 그렇다고 생각하게 됐습니다.

'나는 남들이 함부로 대해도 되는 사람이구나.'

자존감은 바닥까지 떨어지고 긴장과 불안함으로 손에 땀이 나기 시작했습니다. 병원에 갔더니 자율신경이 망가졌다고 했습니다. 청년이 되면서 이제는 손의 땀이 몸 안에 들어올 것 같았고, 편하게 아무 물건이나 만질 수 없었습니다. 그래서 손을 씻고 또 씻었습니다.

인간은 육체가 영혼을 지배하는 것이 아니라 영혼이 육체에 영향을 줍니다. 영혼이 상처 입으니 육체도 병들어버렸습니다. 손바닥에 땀이 날 때마다 아빠의 무관심, 엄마의 날카로운 잔소리와 간섭, 친구들의 조롱과 따돌림 등이 주마등처럼 떠올랐습니다.

내가 아닌 '나'가 있어요

트라우마를 겪으면 내가 나 자신이 아니라는 느낌을 받습니다. 삶의 연속성이 끊어지기 때문입니다. 어떤 때는 바닷가에서, 어떤 때는 버려진 창고에서, 정신을 차리고 보면 기억도 나지 않는 엉뚱한 데서 사람들이 나를 발견하곤 합니다. 또한 트라우마의 경험은 사람들과 가치 있는 관계를 맺고 유지할 수 없게 합니다.[13] 가족에게조차 폭력적이 되며 심지어 자신의 생명마저 위험에 빠뜨립니다. 당분간은 플래시백, 즉 침투하는 생각으로 불특정 다수에 대한 분노와 공격성을 드러냅니다. 주변에서 이런 피해자를 위로하려 해도 당사자의 힘듦은 비슷합니다. 오히려 아무 일도 없었던 것처럼 봐주면 좋겠는데 상대방의 위로하려는 말이나 태도가 부담스럽게 느껴집니다.

트라우마를 겪은 이들에게는 내 삶을 의미 있게 했던 일들이 무너지기 때문에 아무것도 하기 싫으며, 운동도, 먹는 것도 다 귀찮아집니다. 억울한 마음에 답답하고 잠도 안 옵니다. 미래는 사라지고 오직 생존의 두려움만 남습니다. 그래서 나아갈 수도, 머물 수도 없게 되지요.[14] 심한 경우 "나랑 같이 가자", "우리는 어둠이 좋아" 같은 환청까지 들립니다. 도대체 여기서 '나'는 누구며 '우리'는 누구일까요? 어떤 때는 충동적인 말로 나를 부추깁니다. "죽여, 빨리 죽여!" 현실에 발을 딛지 않은 존재들의 속삭임이 느껴집니다.

오픈 채팅방에서 만난 남자에게 성폭행당한 한 청년은 트라우마로 인해 '나는 더럽다', '내 인생은 끝이다'라는 생각에 사로잡혔습니다. 그때부터 이상한 행동이 시작됐습니다. 힘이 빠져 바닥에 자주 주저앉았고, 항상 예민해졌습니다. 칼로 음식을 내려치기도 했고, 그 사람이 앞에 있다면 죽이고 싶다고 생각했습니다. 무엇보다 자신이 당장이라도 죽고 싶었습니다. 죄인이라는 생각에 교회에도 나갈 수 없었습니다.

인류는 너무 오랫동안 성폭력을 더러움의 관점에서 바라보았고, 성폭력 생존자들은 자신의 잘못이 아님에도 불구하고 수치심을 내면화하여 괴로워했습니다. 성폭력이란 성을 수단으로 하는 일방적인 힘의 폭력일 뿐, 결코 불결함이나 수치심에 관한 것이 아닙니다. 폭력으로 인해 자율성이 파괴되어 고통스럽지만 수치심과 죄책감과는 무관한 것입니다.

성경은 피해자의 고통을 특정한 죄 때문이라고 말하지 않습니다. 예수님은 맹인의 장애가 부모나 본인의 죄 때문이 아니라고 선언하셨습니다. 누구보다 예수님 자신이 죄 없이 고난받으셨습니다. 이처럼 성경은 문화나 편견이 비틀어 놓은 이야기를 바로 잡아줍니다.

트라우마의 거짓 신념 찾아내기

트라우마는 거짓말을 믿게 하고 거짓 신념을 심는 경험입니다.

"내 안전은 보장받을 수 없고 또 사고가 날 거예요."
"하나님은 나를 보호해 주지 않으세요."

굉장한 수치심과 분노를 일으키는 사건은 기억에 더 오래 남습니다. 상처가 많은 사람은 화가 더 자주 납니다. 마음의 두려움과 함께 분노가 자주 올라오기 때문입니다. 그런 청년의 날카로운 분노도 사실은 도와달라는 외침입니다. 분노가 잦은 청년이 있다면 자기 자신도 이 사실을 인정할 수 있어야 합니다.

청년 자신이 겪은 트라우마를 누군가에게 이야기할 수 있을 때까지 관계를 불행하게 하는 불안과 분노로부터의 회복을 기대하기는 어렵습니다. 이야기를 시작할 때에야 가짜 신념들의 정체가 드러납니다. 자신이 믿는 거짓말, 즉 트라우마의 속임수를 찾아내고 진실을 회복하기 시작합니다. 과거의 트라우마를 이야기하는 것은 미래가 있다는 것을 상기시켜서 오늘을 견딜 능력을 얻게 합니다. 물론 이야기로 트라우마의 상태가 완전히 치유되고 이전과 똑같아진다고 약속할 수는 없습니다. 그러나 똑같지 않아도 살 수 있습니다. 트라우마의 속임수에 속지 않고 기억을 받아들일 수 있게 됩니다.

용기 내어 말하는 것이 정의다

트라우마 이후 피해자의 무기력과 혼란은 궁극적으로 공의가 이루어지지 않은 데서 발생합니다. 가해자가 제대로 처벌받고 사과하지 않는 현실에 피해자들은 고통 속에서 잘못을 자신의 탓으로 돌립니다.

'네가 거기에 가서 그 사람을 만난 게 잘못이지!'

'네가 어리석어서 일을 그르친 거잖아.'

그러나 왜곡된 신념은 이야기할 때 비로소 교정될 기회를 얻습니다.

생존자가 자신의 이야기를 시작할 때 비로소 피해자는 피해자가 되고 가해자는 가해자가 되기 때문입니다.

이러한 피해자의 이야기에는 자신을 용서할 수 없음뿐만 아니라 하나님을 용서할 수 없는 이야기도 포함되어 있습니다. 그래서 시편 기자는 자신을 버리고 돕지 않으시는 하나님께 울부짖어 기도합니다. 어찌하여 자신을 버리고 돕지 않으시는지 호소합니다(시 22:1-2). 그때 비로소 자신이 보이고(22:6), 타인이 보이고(22:7-8), 하나님과 그분의 구원이 보입니다(22:4-5).

> 그들이 주께 부르짖어 구원을 얻고 주께 의뢰하여 수치를 당하지 아니하였나이다(시 22:5).

이야기는 힘의 균형을 찾아줍니다. 힘이 일방적으로 기울어져 고통받는 영혼은 이야기를 통해 성경의 정의 곧 힘의 균형을 회복할 수 있습니다. 용기를 내어 말하기를 시작하세요. 그것이 어렵다면 혼자서 글쓰기를 통한 스토리텔링이라도 시작해야 합니다. 말하는 것이 정의이고, 들어주는 것이 구원입니다.

노예 서사, 잔인한 주인에게서 벗어나라

요즘 청년들 사이에서 급격히 증가하는 마약 중독도 이야기에서 시작합니다. 중독에 우연이란 없습니다. 그 뒤에는 쾌락주의 혹은 정반대의 끔찍한 학대와 트라우마의 이야기가 자리하고 있습니다. 마약을 의존하는 것은 성냥 한 개비를 켜서 손을 녹이려 했던 성냥팔이 소녀의 가엾은 몸짓 같습니다. 그 작은 불 하나로는 결코 세찬 바람과 꽁꽁 얼어붙은 날씨를 녹일 수 없기 때문입니다. 마약으로는 나와 가족, 이웃들이 모두 행복해지는 길을 찾을 수 없고, 학대의 고통을 벗어날 길도 없습니다.

마약에 손을 대는 청년들이 기대하는 것은 행복할 일 없는 삶에서 잠깐이나마 '즐거운 마음'을 맛보려는 것입니다. 마약을 사용하기 시작하는 초반에는 기분이 황홀해지고, 무거운 마음의 문제가 해소되어 해방된 느낌을 받는다고 합니다. 그 이유는 뇌의 신경전달물질인 도파민이 활성화되기 때문입니다. 예컨대 필로폰(메스암페타민)을 투약하면 성관계 오르가즘의 13배에 해당하는 엔도르핀이 분비되어 자그마치 6시간에서 72시간이나 지속된다고 합니다.

그런데 문제는 마약이 쾌락을 느끼는 감각의 천장을 뚫어버린다는 사실입니다. 일반적으로 성관계를 하고 나면 천장에 도달한 쾌락의 강도가 다시 낮아져서 일상생활을 할 수 있습니다. 그러나 한번 천장을 뚫어버린 마약의 쾌락은 더 이상 커피 한 잔의 즐거움 같은 소소한 일상을 누릴 수 없게 합니다. 보통 과다하게 분비된 도파민은 자동 회수되는 반면 마약은 도파민 생성 체계를 무너뜨려 이 회수를 방해합니다. 그 결과 처음과 같은 효과를 보기 위해 투약량을 늘려야 하는 내성이 생기고, 나중에는 아무리 많은 양을 투약해도 즐거움을 느끼지 못하게 되는 것입니다.

또한 마약은 혈액을 타고 돌면서 모든 장기에 강한 타격을 줍니다. 간 기능, 혈관 계통을 악화시키고, 골다공증을 일으켜 뼈를 약하게 합니다. 면역결핍이 발생하고, 전전두엽의 충동 억제 활동이 감소합니다. 그 결과 누가 자신을 해치려 한다는 환각이나 피해망상이 생기는데, 이는 심각한 정신병적 증상의 시작입니다.[15]

마약은 청년 서사의 절벽입니다. 신체를 망가뜨리고, 사람이 느껴야 할 정서를 단절시키지요. 사람을 사람답게 살 수 없게 합니다. 마약에서 벗어나려고 고군분투하던 30대 초반의 어느 청년은 그 간절한 마음을 이렇게 말했습니다.

"어느 순간 사람답게 살고 싶다는 생각을 했어요. 화도 느끼고, 힘든 것도 느끼고, 기쁜 것도 느끼고… 사람들이 가지고 있는 원초적인 감정을 느끼고 싶다고 생각하면서 부모님께 말씀드리게 됐어요."[16]

그는 애초에 삶의 희로애락을 맞이할 용기가 없어서 마약에 손을 댔습니다. 그러나 마약은 결코 만족을 주지 못했습니다. 행복해지는 길도, 학대의 고통을 벗어날 길도 없었습니다.

중독이란 뜻의 영어 단어는 'addiction'입니다. 이것은 '~에 사로잡히다' 혹은 '~에 노예가 되다'라는 뜻의 라틴어 'addicere'에서 비롯되었습니다. 과거 노예의 삶은 비참했습니다. 로마 시대에는 정복 전쟁에서 사로잡은 사백만 명이 넘는 노예가 있었다고 합니다. 주인은 노예를 마구 매질했습니다. 짐승처럼 그 가죽을 쓸 수 없으니 노예의 등을 멀쩡하게 둘 필요가 없었고, 짐승처럼 살찌워 잡아먹을 수도 없으니 노예들을 배부르게 해야 할 이유도 없었지요.

마약은 잔인한 노예 주인과도 같습니다. 어마어마한 쾌락이라는 보상을 약속하지만 결과적으로는 지옥의 나락에 떨어지게 합니다. 이것은 목마른 사람에게 바닷물을 먹이는 사단의 술책이기도 합니다.

요즘 청년의 잠을 빼앗아가는 디지털 중독은 어떤가요? 디지털 헤로인 역시 '즉각적 보상'을 제공하는 마약입니다. 스마트폰과 게임에 빠져들다 보면 이는 뇌를 더 강하게 자극하게 되고, 결국 잠도 자지 않고 밤새 그것에 몰입하게 됩니다. 이러한 수면 부족은 사람을 우울과 자살 충동의 악순환에 빠트릴 수 있습니다.

"이제부터 나는 어떻게 살아야 하지?" 중독에서 회복 중인 사람들은 갑자기 내일에 대한 두려움에 사로잡힌다고 합니다. 마약이 주는 환각의 세계에서 벗어나 다시 현실을 마주하기 때문입니다. 하지만 미래를 향한 이러한 질문이야말로 잘 회복하고 있다는 증거입니다. 중독에 빠져있을 때에는 결코 하지 않을 질문이기 때문입니다.

중독은 그 자체가 절대 신(神)입니다. 인생의 모든 가능성과 값진 시간, 심지어 창창한 미래까지 자발적으로 희생하고서야 중독이 주는 '절대 만족'을 보상으로 받습니다. 중독이 주는 거짓 약속에 삶이 흔들렸다면, 이제는 그런 나를 찾아오시되 벙커 버스터(GBU-57 MOP)가 강화 콘크리트를 60미터나 뚫고 내려가 폭발시키는 것처럼, 중독자의 마음 깊은 곳에 예수님의 이야기가 닿을 때 진정한 변화가 시작됩니다. 그때 중독은 소멸될 수 있습니다.

청년 공황, 마음이 보내는 거짓 신호들

"심장이 너무 뛰어서 이러다 죽을 것 같아요."

청년기는 모든 것이 새로운 경험입니다. 청년이 되는 것도, 청년으로서 해야 하는 일들도 모조리 낯설고 그래서 미숙할 수밖에 없습니다. 걱정 많고 우울한 청년들에게는 이러한 상황이 특히 더 큰 부담이 됩니다. 그래서 우울증과 공황장애는 늘 함께 다닙니다. 이 둘은 거의 언제나 붙어 있고, 하나가 없으면 서로를 불러오는 친구이지요.

공황장애의 증상은 가슴이 두근거리고, 심장이 빠르게 뛰며 죽을 것 같은 극심한 공포를 느끼는 것입니다. 심하면 실제로 실신하기도 합니다. 길에서 누군가 나를 따라오는 것 같고, 나를 해치려는 것 같은 의심과 두려움의 편집증도 동반될 수 있습니다.

생물학자들은 이것이 세로토닌 같은 뇌의 신경전달 시스템의 문제라고 말합니다. 맞습니다. 그러나 공황장애 전후로 스트레스 상황이 있다는 것도 분명합니다. 사실 모든 인간은 두려움과 염려를 가진 존재들입니다. 누구나 자신이 동원할 수 있는 자원보다 걱정과 근심의 무게가 클 때 공황장애를 겪을 수 있습니다. 그래서 심리학자 프로이트는 공황장애가 충동에 대한 방어기제의 실패, 분리 불안, 상실의 경험 등과 깊이 연결되어 있다고 말했습니다.

삶의 무게는 무겁고, 자원 없는 미래와 거듭된 좌절로 힘들어할 때, 청년의 심장에 압박이 가해집니다.

'왜 나는 일이 안 풀리고 힘들기만 할까?'

공황 발작은 몸이 전투태세를 갖추는 것과 같습니다. 갑자기 심장이 빠른 속도로 뛰거나 두통, 어지럼증, 죽을 것 같은 공포를 느끼게 되지요. 스트레스 상황에 대한 자동적 반응으로 땀을 많이 흘리거나 숨 가쁨, 질식감 등이 나타납니다. 그런데 실제로 몸에는 이상이 없습니다. 이러한 발작 증상이 한 달 이상 반복될 때 공황장애라고 진단합니다. 20-30대, 특히 여성 청년들에게 많이 나타나는데, 문제의 핵심은 경보장치가 고장나는 것입니다. 모든 발작이 공황장애가 되는 것은 아니지만, 발작 자체의 위험보다도 일상생활을 방해하는 두려움과 공포가 더 큰 문제입니다. 청년으로 하여금 집중력이 떨어지고 매사에 자신감이 없어지게 하기 때문입니다. 이때 발작의 앞뒤에 무슨 일이 있었는지 다시 기억해내고 억압된 것을 느낀 그대로 말하는 것이 중요합니다.

영의 처방으로 육의 문제 해결하기

아무런 적이나 대상이 없어도 그것을 실제적 위협으로 느끼는 공황장애, 심지어 생명을 위협하는 것 같은 신체 신호도 공황장애에서는 거짓입니다. 이것은 우리 인간이 육체가 아니라 영의 존재라는 사실을 말해줍니다. 하나님이 흙으로 인간을 빚으시고 생기를 불어넣으셨을 때 인간이 생령(生靈, living soul)이 되었습니다. 그렇다면 육체의 처방도 영으로부터 시작되어야 하겠지요.

그 처방은 환경에 압도되는 자아의 한계와 그에 따른 신체적 문제라는 관계를 조명하는 데서부터 시작합니다. 필요에 따라 약을 처방받되 가장 안전하고 확실한 처방은 스토리텔링입니다. 심장은 인간의 마음이 감사를 느낄 때 좋아합니다. 연구자들에 따르면 성급한 분노는 심장에 충격을 주어 마비를 일으킬 수도 있다고 합니다. 그러므로 강한 감정들을 주의하고 대신 상대를 이해하고 용서하려는 마음을 가질 때 해로운 감정의 감옥에서 벗어날 수 있습니다.

우리는 완벽한 삶을 꿈꿉니다. 모순이 없고, 억울함과 실패도 없으며, 고통이 없는 신화 같은 삶을 기대합니다. 하지만 삶에 대한 이러한 기대는 오히려 성장을 방해하는 '덫'이 됩니다.[17] 이상적인 스토리만 바라는 것은 성장보다 불평과 한탄을 가져오기 때문입니다. 그런 면에서 아픔이 있는 청년의 스토리가 오히려 현실적입니다.

진짜 성장은 아픈 이야기에서 시작됩니다. 이해할 수 없는 상황에 대한 분노, 억울함, 두려움, 공포, 공황을 있는 그대로 인정하며 이야기를 시작할 때 비로소 변화를 기대할 수 있습니다.

다양한 청년의 아픔이 들려야 한다

서사가 단절되지 않으려면 아픈 서사들을 살펴보고 풀어내야 한다. '거울 서사'처럼 자신을 사랑하지 못하는가? 무기력과 절망의 우울증, 즉 '블루 서사'를 갖고 있는가? 타인과의 비교 속에서 자존감을 잃는 '손절 서사'와 일시적 위로로 삶이 파괴되는 '중독 서사'를 가졌는가? 끔찍한 경험으로 삶이 끊어진 '트라우마 서사'와 이유 없는 공포와 두려움에 사로잡히는 '청년 공황'이 있는가? 고립을 깨고 자신의 이야기를 용기 있게 말하라.

서사 노트 과거와 현재를 알아보는 질문들

다음은 나의 서사를 위해 가족 혹은 친구, 가까운 지인과 나눠볼 수 있는 질문입니다. 질문을 통해 과거와 현재의 환경 그리고 자신의 상태를 점검해 보세요. 혼자 스스로 질문에 대한 답을 써내려가며 정리하는 것도 좋은 방법입니다.

1단계: 삶의 시작과 어린 시절 (과거의 씨앗)

- 어린 시절 집안의 상황이나 분위기는 어떠했나요? 기억나는 것이 있다면 이야기해 주세요.

- 어린 시절 가장 행복했던 기억은 무엇인가요? 그때 어떤 감정을 느꼈나요?

- 어린 시절 가장 힘들었던 기억은 무엇인가요? 그때 당신은 어떻게 대처했나요?

- 당신의 성격 형성에 가장 큰 영향을 준 사람은 누구인가요? 그 이유는 무엇인가요?

- 가족 안에서 당신의 역할은 무엇이었나요? 당신은 어떤 아이였나요?

2단계: 성장과 변화(과거에서 현재로 이어지는 길)

- 학창 시절은 당신에게 어떤 의미였나요? 가장 기억에 남는 사건이나 경험은 무엇인가요?

- 청소년기에 당신은 어떤 고민이나 꿈을 가지고 있었나요? 그것들은 현재 당신에게 어떤 영향을 주고 있나요?

- 당신의 인생에서 중요한 전환점이라고 생각되는 사건은 무엇인가요? 그 사건은 당신을 어떻게 변화시켰나요?

- 인생에서 가장 큰 영향을 준 친구, 선생님, 혹은 멘토는 누구인가요? 이유는 무엇인가요?

3단계: 현재의 나(지금 여기)

- 현재 당신의 삶에서 가장 중요하다고 생각하는 가치는 무엇인가요?

- 당신은 현재 어떤 감정들을 주로 느끼나요? 그 이유는 무엇이라고 생각하나요?

- 당신이 생각하는 당신의 강점과 약점은 무엇인가요?

- 현재 당신의 삶에서 가장 만족스러운 부분과 가장 개선하고 싶은 부분은 무엇인가요?

- 당신은 어떤 사람으로 기억되고 싶나요? 당신의 삶의 이야기는 어떤 의미를 담고 있나요?

청년이 광야를 지날 때

"하나님의 내러티브는
가장 초라하고 실패한 서사에도
강력하게 찾아온다."

3

거부하라:
사단의 집요한 방해를 물리치기

당신의 서사가 공격당한다

인간이 이야기꾼이라면 사단도 그에 못지않은 이야기꾼입니다. 사단은 인간이 존재하기 훨씬 이전부터 거짓과 속임을 일삼는 사기꾼이요 살인자였습니다. 그렇다면 왜 청년들의 이야기가 사단의 표적이 될까요? 청년의 서사는 미래를 담고 있기 때문입니다. 한 사람의 이야기가 무너지면 그의 미래도, 그가 영향을 줄 수많은 이야기도 함께 무너집니다. 그래서 사단은 특별히 청년들의 서사를 공격합니다. 절망하게 만들고, 고립시키고, 스스로를 포기하게 합니다.

현재 많은 청년의 이야기가 공격받고 있습니다. 이것이 사단의 속임수라는 것을 알아야 합니다. 3장에서는 사단의 전략과 안팎에서의 저항들을 살펴보고 나의 서사를 점검해보길 바랍니다.

사단은 어떻게 서사를 비틀까?

사단의 궁극적 목적은 인간의 영혼을 파괴하는 것입니다. 그러기 위해 이야기를 비틀어 거짓으로 사람을 속입니다. 심지어 하나님의 말씀조차 뒤틀어버립니다. 그것이야말로 한 사람의 인생을 망가뜨릴 수 있는 효과적인 수단이라는 사실을 너무나 잘 알고 있기 때문입니다.

C. S. 루이스는 『스크루테이프의 편지』에서 그러한 사단의 모습을 잘 보여줍니다. 사단은 이야기를 조작하고 혼란을 일으켜서, 결국 인간 영혼을 사단의 이야기에 흡수시킵니다. 존재마저 스스로 무너뜨리는 길을 선택하게 만듭니다. 사단의 이야기 비틀기는 인류 타락 사건에서 사용한 기막힌 전술이었습니다. 그로 인해 인간이 결국 하나님께 불복종을 초래하게 됐지요. 원래 하나님은 인간에게 이렇게 경고하셨습니다.

> 동산 각종 나무의 열매는 네가 임의로 먹되 선악을 알게 하는 나무의 열매는 먹지 말라 네가 먹는 날에는 반드시 죽으리라 (창 2:16-17).

그런데 사단은 선악과를 두고 정반대로 이야기를 비틉니다.
"하나님이 정말 너희에게 동산 모든 나무의 열매를 먹지 말라고 하

셨어?"(창3:1)

마치 어디선가 엿들은 소문인 것처럼 슬쩍 이야기를 바꿔서 질문합니다. 마치 이 명령이 불합리한 것처럼 보이게 해서 하나님께 의구심을 갖게 하지요. 풍성하고 은혜로우신 하나님이 동산의 나머지 모든 과일을 먹게 하셨음에도 사단은 마치 '그 한 가지' 과일이 더 중요한 것처럼 이야기를 꾸밉니다. 하와는 그렇지 않다고 반박했지만 이미 사단은 하와의 취약성을 간파했습니다. 그 작은 틈에 지렛대를 끼워 넣고 이제는 더 담대하게 하나님을 대적합니다.

> 너희가 결코 죽지 아니하리라 너희가 그것을 먹는 날에는 너희 눈이 밝아져 하나님과 같이 되어 선악을 알 줄 하나님이 아심이니라(창 3:4-5).

이 거짓말에 방어막이 무너진 인간은 꼼짝없이 사단의 이야기에 편입되고 말았습니다. 사단의 거짓말은 인간 마음에 열정의 불꽃을 일으켰습니다.

> 먹음직도 하고 보암직도 하고 지혜롭게 할 만큼 탐스럽기도 한 나무인지라(창 3:6).

결국 첫 인류는 사단의 뒤틀린 이야기에 말려들어 무너졌습니다. 감정이 요동하고, 시선이 욕망하고, 손으로 선악과를 따서 배우자까지 먹게 했습니다. 자신들의 삶뿐만 아니라 오고 가는 모든 세대의 삶을 망가뜨렸습니다. 인간이 고통과 우울에 빠지게 된 것입니다.

오늘날 역시 사단은 상처받은 청년들에게 속삭입니다.

"넌 혼자야. 세상에 너를 도와줄 사람이 어디 있다고?"

"그건 네 잘못이지. 네가 조심하지 않아서 그런 일을 당한 거야. 너네 엄마 말이 틀린 게 뭐가 있어?"

"너처럼 때 묻은 애를 하나님이 좋아하실까? 넌 이미 쓰레기고 너 같은 애는 살 가치도 없어!"

"넌 억울하지도 않아? 멋지게 복수해 줘야지! 네가 죽으면 아마 다들 후회할 걸?"

사단은 시끄럽고 요란합니다. 그래서 지옥을 극심한 소음의 장소라고도 하지요. 사단은 자기 자신에 대한 이야기조차 왜곡하는 교활한 거짓말쟁이입니다. 그리스도인들이 '혹시 사단이 진짜 존재할지도 몰라'라고 의심하는 순간, 사단은 그 생각을 비틀어 자기 존재를 감추는 전략을 구사합니다.

"혹시라도 환자(그리스도인)의 마음속에 네가(젊은 악마 웜우드) 정말 존재할지도 모른다는 의심이 희미하게라도 떠오를 시에는, 그 즉시 몸에 딱 달라붙는 빨간 타이즈 입은 꼴 따위를 보여주면서 이런 우스꽝스러운 존재는 믿을 수 없으니 네 존재도 믿을 수 없지 않느냐고 설득하거라."[18]

이것이 사단의 실체입니다. 사단의 비틀기에 속지 마십시오. 청년의 서사는 하나님의 더 큰 이야기 안에서만 의미를 갖습니다. 거짓에 맞서 진실을 붙잡으세요.

1) 비교와 교만으로 타격하기

'나는 언제 저 친구처럼 될 수 있을까?'

흔히 엄친아는 절대 죽지 않는다고 합니다. 중고등학교 시절의 엄친아는 20대에도 살아있습니다. 고등학교 때는 성적, 대학교 때는 좋은 대학, 그리고 청년인 지금은 유명한 직장, 높은 연봉 등으로 비교당합니다. 멀리 있는 사람이야 비교할 것도 없지만, 아는 친구의 '성공' 소식은 속을 불편하게 합니다. 그동안 게을렀던 것도 아니고, 남보다 못한 것도 아닌데, 나는 뭐가 잘못되었을까요? 먼저 성공한 친구의 이야기는 취직을 준비할 자신감마저 짓누릅니다. 조급한 마음이 들면 더 막막해집니다.

아침에 눈만 뜨면 비교당하는 세상이 됐습니다. 핸드폰을 열기만 하면 나보다 어린 나이에 성공한 사람들의 일상을 쉽게 엿볼 수 있습니다. 연예인들이 몇십억, 몇백억 건물을 샀다는 뉴스가 무슨 영양가가 있다고 경쟁적으로 내보내는지 모르겠습니다. 뉴스로, 짧은 영상으로, 나도 모르게 타인과 비교하며 무거운 하루를 시작합니다.

'세상은 얼마나 화려한가?'

'나는 얼마나 비참하고 초라한가?'

사단은 똑같이 오늘도 청년들을 유혹하고 있습니다. 금수저와 흙수저를 나누고, 금수저도 울고 갈 다이아수저들의 일상조차 엿보며 부러워하게 하고 체념하도록 유도합니다.

"너무 다른 세상에 사는 것 같아서 이제는 뭐 부럽지도 않다."

사실 말은 이렇게 하지만, 속으로는 자신도 모르게 힘이 빠집니다. 감사할 것들은 생각하지도 못하고 좌절만 쌓입니다.

"현대인들을 가장 불안하게 하는 것은 주변의 친구가 돈을 많이 벌었을 때입니다."

어느 투자 전문가는 청년들이 친구보다 뒤떨어지고 있다는 사실에 큰 불안을 느낀다고 말했습니다. 그래서 더 급하게 많은 돈을 벌려고 하고, 조급해지니 더 많은 것을 잃게 됩니다. 사단은 가까운 친구를 이용해 청년들에게 스트레스를 줍니다. 비교는 가까운 곳에서 가장 센 타격을 주기 때문입니다.

친구는 SNS에 유럽 여행 사진을 올리는데 나는 야근 중일 때, 친구는 대기업에 취업했는데 나는 아직 구직 중일 때, 이러한 비교는 우리의 자존심을 상하게 하고 사기를 떨어뜨립니다.

그러나 C. S. 루이스에 따르면 교만이란 본질적으로 경쟁적입니다. 내가 많이 가져서 교만해지는 것이 아니라 다른 친구보다 '더' 가졌다는 생각 때문에 교만해집니다. 내가 좋은 차를 타서가 아니라, 다른 사람보다 '더' 좋은 차를 탄다는 뿌듯함 때문에 교만해집니다. 내가 다른 사람보다 '더' 낫다는 마음이 교만인 것입니다.

비교는 인간의 가장 원시적 본능인 교만을 자극하며 비참하게 무너지게 합니다. 사단이 가장 좋아하고 효과가 큰 비즈니스이지요. 비교는 잘해야 교만이고, 못하면 비참입니다. 그렇게 비참해지고 쾌락 대신 고통을 느끼는데도 막무가내로 계속하는 것이 비교와 질투입니다. 도저히 벗어나기 힘든 사단의 늪이지만, 청년이라면 이 사단과 싸워봐야 하지 않을까요? 그 늪에서 벗어나 진리 안에서 자유를 누리시기를 바랍니다.

2) 소셜미디어 스트레스에 빠뜨리기

옛날에는 다른 사람들의 소식을 알기까지 오랜 시간이 걸렸습니다. 어린 시절 시골에서는 하루 한두 번 지나가는 버스를 타야 했고, 그래서 기다림이 일상이었습니다. 이웃이 아닌 멀리 있는 사람들이 어떻게 사는지는 알 길이 없었습니다. 그런데 이제는 지구 반대편의 일상도 실시간으로 지켜볼 수 있습니다. 소셜미디어를 통해 만나본 적도 없는 사람들의 근황이 눈앞에 펼쳐집니다.

이런 소셜미디어가 가진 장점들도 많습니다. 사람들은 만나서 대화할 때 보통 30-40% 정도의 비율로 자기 이야기에 시간을 쓴다고 합니다. 그런데 소셜미디어에서는 80% 이상이 자기 이야기입니다. 옷, 게임, 여행, 가족 등 내가 원하는 것들을 마음껏 보여줄 수 있고, 잘 손질하고 다듬어 거의 '완벽한' 모습을 보여줄 수 있으니 덕분에 자존감이 올라간다고 합니다.

또한 소셜미디어 사용의 78%는 관계 유지에도 유익합니다. 페이스북의 '좋아요'는 지금까지 1조 1천억 번 이상 사용되었는데, 좋아요 버튼을 누르는 이유는 관계를 유지하고 자신도 좋은 피드백을 얻으려는 마음 때문이라고 합니다. 흥미롭게도 어떤 사회학자가 모르는 사람 600명에게 온라인으로 성탄절 카드를 보냈더니 무려 200명이 응답해 줬다고 합니다. 이처럼 보답과 응답은 소셜미디어의 장점이기도 합니다. 또한 찾기 힘든 시골 한구석의 식당에도 손님이 북적대는 것을 보면 후기를 현명하게 사용하는 것도 소셜미디어의 유익한 활용입니다.

하지만 이러한 장점에도 불구하고 '소셜미디어 스트레스'를 경험하는 사람들도 많습니다. 조사에 따르면 사용자의 42% 이상이 소셜미디어 때문에 우울감을 호소한다고 합니다. 다른 사람들의 게시물을 보며 그 내용이 밝고 화려할수록 소외감도 크게 느낍니다. 자신이 다른 사람들보다 덜 똑똑하고 모자란다고 여깁니다.

사단은 이러한 소셜미디어로 교묘하게 인간을 넘어뜨립니다. 자랑할 만한 것만 올리는 소셜미디어의 특성상, 보는 이들로 하여금 더 화려한 생활을 꿈꾸게 하고, 초라한 현실을 비관하게 하기 때문입니다. 이는 영락없는 사단의 뒤틀기 효과입니다.

전문가들에 따르면 신경전달 물질인 도파민은 단순히 즐거움을 관장하는 것이 아니라 결핍(want)을 만든다고 합니다. 그 결핍을 채우기 위해 여기저기 찾고, 열망하고, 탐색하게 되는 것입니다. SNS의 유혹이 흡연이나 알코올보다 강하다는 사실을 아십니까? SNS를 10분 동안 사용하면 '포옹 호르몬'이라 불리는 옥시토신의 레벨이 13%까지 올라갑니다. 이것은 인간이 결혼식 날 느끼는 수준의 행복함입니다.

궁극적으로 이 '좋은' 호르몬 생성을 거절하는 행위는 사단과 싸우는 자신의 결단에서 옵니다. 해결책은 단순합니다. 잠시 소셜미디어를 끄는 것입니다. 필요하면 한 시간, 한나절, 또는 하루를 쉬면서 비교를 멈추세요. 잠시 미디어를 닫고 생각하면 종속을 막을 수 있습니다. SNS 사용을 줄이고 고유한 자기 휴식 시간을 늘려야 합니다.

3) 점술과 운세라는 사단의 미끼

청년들이 이성적이고 지성적인 것 같아도 어느 순간 무너지는 지점이 있습니다. 한 청년이 말하길, 점쟁이가 대충 몇 가지를 알아맞히면 순식간에 신뢰가 생겨 힘들게 번 돈을 복비로 다 털어준다고 합니다.

"너 참 힘들게 살았구나?"

"그동안 열심히 살아도 되는 일이 없었지?"

점쟁이의 몇 마디 말로 사람 정신이 통째로 꼬꾸라집니다. 이들은 반말로 상대를 누르며 자기 권위를 과시하고 자기가 다 알고 있는 것처럼 확신에 찬 말투로 이야기합니다. 거짓된 사람들이 하대하는데도 기분 나쁜 줄 모르는 것은 낮은 자존감의 증거입니다. 마음이 약한 사람들에게 반말은 꽤 효과가 있습니다. 유사 신앙의 '점괘'나 '계시'가 전해지면 청년들은 이성이 마비되고 금방 의존적 존재가 되어 맹목적으로 복종합니다. 학벌도 지위도 소용없습니다. 사실 점술가를 찾는 청년의 처지가 뻔하지 않겠습니까? 힘들게 살았으니 지푸라기라도 잡으려는 심정으로 찾아간 이들이 많을 것입니다.

이처럼 누군가 자기가 미래에 대한 권위자라고 주장하는 것을 결코 신뢰해서는 안 됩니다. 미래는 오직 한 분, 하나님의 영역입니다. 하나님이 점쟁이들을 그렇게 싫어하시는 이유가 여기 있습니다.

청년들이 좋아하는 타로점 역시 18세기 후반부터 점술용으로 사용되기 시작했습니다. 이 역시 점술가의 주관적 해석에서 벗어날 수 없고, 결국 그들에게 의존하게 됩니다. 스토리의 선택과 결정에 도달하면서 점술가가 자기 관점에서 해석합니다.

구약성경과 요한계시록에서 하나님이 점술가들을 그토록 경계하시는 이유는 명확합니다. 그들이 타인의 서사를 경청하지 않고, 불확실한 미래를 '확실'하게 말하며, 하나님이 아니라 자신들을 의존하게 하기 때문입니다. 미래는 오직 창조자 하나님의 영역입니다. 성경은 "형통한 날에는 기뻐하고 곤고한 날에는 되돌아보아라"(전 7:14)라고 말합니다. 형통한 날과 곤고한 날 이 둘을 병행함으로써 현실에 집중할 수 있고, 장래 일은 전적으로 하나님께 맡김으로써 알지 못해도 잘 살 수 있게 하신 것이 하나님의 계획입니다.

장래의 좋은 것만 얻으려 하거나 나쁜 것을 피하려고 점을 치는 것은 창조자의 선한 계획을 신뢰하지 않는 불순종입니다. 내일 일을 모르는 청년일수록 앞날을 알아내려 애쓰기보다 창조자를 신뢰해야 합니다. 성경은 "어떤 도시에 가서 거기서 일 년을 머물며 장사하여 이익을 보리라"라고 큰소리치는 것만 해도 '악'하다고 말합니다(약 4:13-16).

"어깨에 귀신이 있으면 돈 벌 운세"라는 등 황당한 말에 속지 마세요. 반드시 좋은 것을 주시는 하나님을 의지하고 적군의 성벽을 뛰어넘는 용기를 가지세요. 그저 기록된 성경 말씀을 붙들고 묵상하며 기도하세요. 돈도, 영혼도 빼앗아가는 점술가를 선택하는 것은 위험합니다. 청년 스스로 분별력을 가져야 합니다. 즉시 신뢰를 거두고 찾지도, 구하지도 말아야 합니다.

사단에게 기회를 주지 마십시오. 어떤 측면에서 스토리텔링은 위험한 일이기도 합니다.[19] 내 인생이 힘 있고 씩씩한 것이 아니라 참으로 취약하다는 것을 인정해야 하기 때문입니다. 그러나 자신의 취약성을 고백할 때, 혼자 끙끙대며 괴로워할 것이 아니라 입을 열어 연약한 자신의 서사를 말할 때, 사단은 자신의 계략이 탄로 난 것을 깨닫고 도망할 것입니다.

우리가 비록 내일을 알지는 못하지만, 영원을 주관하셔서 반드시 선으로 바꾸어가시는 하나님 앞에서 인생의 역동적인 새 이야기들을 발굴해가야 합니다. 새로운 이야기의 발굴은 새로운 세계를 건설하는 일입니다.

4) 물질로 유혹하기

사단이 세 번째로 예수님을 시험한 내용은 화려한 세상의 영광을 보여주며 자기에게 절만 하면 그것을 다 주겠다는 유혹이었습니다. 아마 로마 황제의 화려한 왕궁을 보여주었을 것이라고 짐작해 봅니다. 어마어마한 일들이 벌어지고 있었겠지요. 그러나 예수님은 단번에 사단을 쫓아버리셨습니다. 청년 예수가 흉악한 사단을 이겼습니다.

> 사탄아 물러가라 기록되었으되 주 너의 하나님께 경배하고 다만 그를 섬기라 하였느니라(마 4:10).

그런데 안타까운 것은 오늘날 우리 청년들 가운데는 사단이 시험할 필요도 없이 스스로 사단에게 기도하는 사람들이 있다는 것입니다. 자신의 가난한 처지를 비관하며 자기 영혼을 팔지언정 세상에서 성공하게 해달라고 빌었던 청년이 있었습니다.

"차라리 내 영혼을 줄테니 제-발 우리 가족을 잘살게 해주세요!"

맘몬(Mammon) 즉 돈의 신 앞에서는 자기 영혼까지 팔아버리겠다는 것이었습니다. 그러나 다행히 그 청년은 안전했습니다. 청년의 어머니가 그 즈음에 청년을 위해 눈물로 기도를 해주셨고 청년 역시 어머니와 대화를 통해 이겨나갔기 때문입니다.

이처럼 사람들은 자신의 가치가 재물이나 명예에 있다고 생각하기 때문에 수단과 방법을 가리지 않게 됩니다. 하지만 사람의 가치는 업적이나 소유의 크기에 있지 않습니다. SNS 조회수나 '좋아요' 숫자에 있지도 않습니다.

'나를 위해 얼마만큼의 값이 지불되었는가?'

한 사람의 중요성과 값어치는 그 자신을 위해 지불된 값의 크기에 달려있습니다. 당신의 가치는 예수님이 생명으로 지불하신 값에 있습니다. 그 어떤 것도 청년 한 사람의 생명의 가치와 바꿀 수 없습니다. 이것이 진리가 주는 이야기입니다. 그런데 사단은 그것을 쉽고 간단한 비교로 '싼값에' 팔아넘기려 합니다. '너에게는 저런 게 없으니, 너는 이런 걸 못했으니, 너는 살 가치가 없어'라는 것입니다.

우리 청년들에게 청년 예수의 단호한 태도가 필요한 것 같습니다. 예수님이 사단에게 절만 했더라면 세상의 화려한 영광을 모조리 누리실 수 있지 않았을까요? 굳이 힘들고 아픈 십자가의 길을 선택하셨어야 할까요? 비록 가난과 고난의 길이었지만 그분이 자신에게 지워진 운명과 사명에 집중하셨던 것은, 그것이 이 시대를 구원할 빛이였기 때문입니다.

만일 가난도, 실직도 '사명'의 일부라 생각한다면 이야기가 달라질 것 같습니다. 신기루같이 사라질 짧은 쾌락이 아니라 더 높은 이야기, 메타내러티브, 신의 이야기가 필요할 것 같습니다. 나의 인생에 주어진 목적이 있고, 의미가 있고, 방향이 있다는 사실을 생각할 수 있도록 말입니다.

그래서 믿음이란 하나님의 이야기 속으로 들어가는 것입니다. 거기에 참여하여 나도 그 이야기의 한 부분이 되는 것입니다. 우리 청년들의 이야기는 우연도 아니며, 불행의 산물도 아니며, 아무렇게나 내팽개쳐진 우주의 미아 이야기가 아니기 때문입니다.

청년들아 내가 너희에게 쓴 것은 너희가 강하고 하나님의 말씀이 너희 안에 거하시며 너희가 흉악한 자를 이기었음이라(요일 2:14).

성경 말씀을 한번 보십시오. 청년의 승리는 이미 확정되었습니다. 이미 그리스도 안에서 사단을 이긴 사람들이기 때문입니다. 작은 유혹에 흔들리지 말고 예수님처럼 담대하게 맞서십시오.

서사를 가로막는 외부의 요인 발견하기

1) 귀 막음 – 청년 이야기를 무시하는 세상

청년 이야기에는 저항이 따릅니다. 누군가는 청년들의 이야기를 별 것 아니라며 무시하고, 요즘 청년들은 너무 나약하다며 꾸중하기도 합니다. 그 정도 어려움은 누구나 겪는 것이라며 청년의 고민을 일축하기도 합니다.

그동안 청년 세대와 부모 세대의 갈등은 인류의 오랜 숙제였습니다. 주전 8세기의 그리스인 헤시오도스는 자기 시대가 아버지와 그 아들이 화해하지 못하는 슬픈 시대라고 탄식했습니다. 그런 면에서는 지금도 여전히 슬픈 시대인 것 같습니다.

부모는 자녀들이 시행착오를 겪지 않기를 바라며 '바른 해결책'을 제시하지만, 다르게 말하면 이는 부모가 자녀들의 이야기를 진지하게 듣지 않는다는 반증입니다. 그들의 고민을 인정하지 않습니다. 그 결과 서로의 관계는 소원해지고, 청년들의 이야기는 길을 잃게 됩니다.

세대 간에는 다음과 같이 소통을 막는 장벽들이 있습니다.

"다 컸는데 이젠 혼자서 알아서 해야지!"

"사촌들 좀 봐라. 너는 언제쯤 그렇게 될래?"

공익근무를 하다가 손가락 마디를 잃은 음대생이 있었습니다. 연주가였던 그가 더는 연주를 할 수 없는 위기를 만났습니다. 병문안을 온 아버지의 친구들은 "걱정 마, 전화위복이야!"라고 위로했지만, 청년은 오히려 화가 났습니다. 자기 마음을 알지도 못하면서 던지는 말이 오히려 절망스럽고 아프게 느껴졌기 때문입니다.

그런데 그에게 더 심한 말을 한 사람이 있었습니다. 바로 청년의 레슨 선생님이었습니다. 선생님은 병실을 들어오며 울부짖듯 소리쳤습니다. "○○야, 넌 이제 연주 못 해. 이제 넌 연주할 수 없어." 그것은 차라리 통곡에 가까웠습니다. 그런데 그 말이 오히려 청년에게 위로가 되었습니다. 왜일까요? 선생님은 사랑하는 제자의 이름을 불렀고, 진심으로 마음 아파했습니다. 친밀한 관계 속에서 이 청년을 인정했다는 뜻입니다. 선생님의 통곡은 청년의 절망에 대한 공감에서 나왔습니다. 문제는 그대로지만 청년은 그때 현실을 맞이할 힘을 얻었습니다. 결국 청년에게 필요한 것은 진심 어린 응답이었습니다.

성경에 보면 자기 서사를 멈추지 않고 외쳐서 눈을 뜨게 되는 맹인들이 있습니다. 주변 사람들은 그들에게 시끄럽다고, 조용히 좀 하라고 짜증을 내고 꾸중했습니다. 그런데 맹인들의 반응이 놀랍습니다.

> 무리가 꾸짖어 잠잠하라 하되 더욱 소리 질러 이르되 주여 우리를 불쌍히 여기소서 다윗의 자손이여 하는지라 (마 20:31).

3장 거부하라: 사단의 집요한 방해를 물리치기

청년의 주변 환경은 침묵을 요구합니다. 하지만 그럴 때일수록 더욱 큰 소리로 외쳐야 합니다. 지금껏 침묵했던 청년이 있다면 이제 저 맹인들을 흉내 내도 좋겠습니다. 현실에 순응하며 타인의 내러티브를 그대로 답습해서는 안 됩니다.[20] 자신의 내러티브는 자신만의 '창작물'입니다. 무엇보다 하나님을 자기 내러티브의 '공저자'로 삼으세요. 하나님의 이야기가 청년의 이야기를 견인하면 역동적 변화와 놀라운 스토리의 변형이 일어납니다.

"My heart goes out to you!"

'진심으로 너를 생각한다'라는 영어 표현이 흥미롭습니다. 위의 표현을 직역하면 '내 심장이 너에게 나간다'입니다. 혹시 힘들어하는 우리 청년들에게 심장을 내줄 사람이 있을까요? 마음이 힘든 청년에게 피상적인 말은 큰 도움이 되지 않습니다.

"다 잘될 거야! 너무 걱정하지 마!"

물론 다 잘될 것입니다. 모두가 그렇게 바라기도 합니다. 하지만 경청 없는 충고는 부담스럽습니다. 공감 없는 격려는 이기적입니다. 자기 기분에 따라 하고 싶은 말만 하는 것은 차라리 안 하는 것이 낫습니다. 힘들어하는 상대를 위해 내 심장을 조금만 떼주면 어떨까요? 청년들에게 정말 필요한 것은 바로 이런 사람입니다. '심장을 떼어줄 만큼 진심으로 공감하는' 사람 말입니다.

청년도 다른 청년들의 이야기를 들어야 합니다. 그래야 서사가 살고 청년도 삽니다. 내러티브의 관점에서 사람을 돌본다는 것은 이야기를 들음을 의미합니다.[21] 스토리텔링의 목적은 하나입니다. 청년 자신이 좀 더 온전한 삶의 내러티브를 재구성하거나 그런 이야기를 찾기 위함입니다.[22] 청년이 이야기를 시작한다는 것은 엄청난 용기를 냈다는 말입니다. 이 자체만으로 마땅히 칭찬과 환영을 받아야 합니다.

2) '옳은 말'의 폭력 – 욥의 친구들과 오늘의 부모들

구약성경에 등장하는 욥은 억울한 고통을 받은 사람의 대명사입니다. 욥의 이야기는 '옳은 말'이 얼마나 잔인한 폭력이 될 수 있는지를 보여줍니다. 그는 특별한 잘못도 없이 그 많던 재산뿐만 아니라 열 명의 자녀들, 그리고 자기 몸의 건강까지 모조리 잃었습니다. 말 그대로 욥은 "그칠 줄 모르는 고통"을 겪었습니다. 하나님조차 손을 들어 자기를 멸하려 하시고 자기 생명마저 끊어버리실 것 같은 좌절을 겪었습니다(욥 6:8-10). 그런 욥이 그나마 바랐던 것은 단 한 가지, 자기 이야기를 이어가는 것이었습니다. 하나님이 그 고난의 이유를 설명해 주시고, 말씀을 거역하지 않은 자신의 이야기를 들어주시기를 간절히 바랐습니다.

그런데 그의 비극을 위로한답시고 찾아온 욥의 친구들은 한결같이 '옳은 말'로 욥을 더 아프게 했습니다.

"네가 잘못했으니 잘못을 실토해라!"

그들의 옳은 말들이 욥에게는 얼마나 큰 고통이었는지를 보세요.

옳은 말이 어찌 그리 고통스러운고. 너희의 책망은 무엇을 책망함이냐 너희가 남의 말을 꾸짖을 생각을 하나 실망한 자의 말은 바람에 날아가느니라(욥 6:25-26).

청년들을 더 아프게 하는 것도 주변의 옳은 말들입니다.

"너는 어떻게 나쁜 것만 기억하니? 우리 때는 그 정도 체벌은 아무것도 아니었어."

"아빠가 너한테 얼마나 잘해 줬는데… 얼마나 잘 놀아줬는데……."

한 은둔 청년은 체벌로 자신을 키운 아빠와 담을 쌓았습니다. 끊임없이 훈수하는 엄마에게도 정이 떨어졌습니다. 모처럼 용기를 내어 고독 청년들이 모이는 회복센터에 가려는 순간 엄마가 말했습니다.

"네가 고등학생 때 누워만 있고 학교에 안 갔던 건 생각 안 나?"

이 대화를 들어보면 이 청년이 왜 고립과 고독을 선택했는지 짐작할 수 있습니다. 아마 어릴 때부터 힘든 것을 힘들다고 말할 수 없었을 것입니다. 그 순간 정답, 판단, 비난, 비교가 따라왔을 것입니다.

"그건 네가 약해서 그런 거야! 딴 애들 좀 봐. 너는 도대체 뭐가 부족해서 그러는 거니?"

그러나 약함은 잘못이 아니라 공감받아야 할 일입니다. 잘못된 진단에 '정확한 처방'은 독이 되어 청년의 서사를 막습니다. 조목조목 올바른 설명만 하는 엄마와 타협의 여지 없는 원칙주의자 아빠는 지나친 징계를 일삼으며 성경의 표현대로 자녀를 노엽게 합니다. 아빠가 공포의 대상이 되면 자녀들은 두려움에 질려 세상의 모든 것을 무서워하게 됩니다. 자존감은 한없이 쪼그라들고, 세상을 힘차게 살아갈 힘을 잃습니다. 자녀에 대한 정서적 이해가 없는 '옳은 말'은 고통을 주는 폭언이 될 수 있습니다. 청년의 마음은 이런 것입니다.

"저를 믿어주셨으면 좋겠어요."
"아빠가 보기에는 어설퍼도 저에게 먼저 공감해 주세요."

물론 청년의 이야기에도 허점은 있습니다. 어쩌면 생각보다 많을지도 모르지요. 그래서 더욱더 이야기를 풀어내야 합니다. 진지한 공감과 신적 지혜의 개입이 청년 이야기의 허점을 교정하고 옳은 말의 폭력에서 벗어나게 해 비로소 청년들의 서사를 치유할 것입니다.

3) 지배하는 폭군의 얼굴들 – "창녀 짓을 해서라도"

청년 서사가 비인격적인 타자의 지배를 받으면 엉뚱한 곳에서 생뚱맞게 이야기가 펼쳐집니다. 돈만 아는 어떤 아버지는 딸에게 가혹한 폭언을 퍼부었습니다.

"네가 나가서 창녀 짓을 해서라도 돈을 벌어와!"

슬프게도 아빠의 말은 그대로 이루어졌습니다. 딸은 돌이키기 힘든 인생의 깊은 수렁에 빠지고 말았습니다.

내가 지금 왜 이렇게 자신을 망가뜨리며 살고 있는지 이해하려면, 먼저 자신을 지배했던 폭군의 실체를 직시해야 합니다.

폭군은 여러 모습으로 나타납니다. 돈을 최고의 가치로 여기며 자녀를 도구로 만든 아버지, 편애로 자녀를 비교하고 방치한 어머니, 그리고 그 편애를 등에 업은 형제들. 부모의 편애를 등에 업은 아이는 형제 사랑을 모릅니다. 편애받은 아이는 오만하고 무자비하며 형제들 위에 군림합니다. 이들은 모두 영혼을 짓밟는 폭군들입니다.

가정에서 학대를 받은 청년들은 사회에 나가서도 학대를 받을 수 있습니다. 또 이미 중고등학교 시절에 따돌림을 당했다면 그것을 내면화하여 자신을 스스로 학대할 가능성도 큽니다. 가출이나 죽음에 대한 생각, 그리고 자포자기하는 마음의 지배를 받습니다. 자기를 이용하려는 사람들을 거절하지 못하고, 금전 관계에 얽혀 폭행과 학대를 당하기도 합니다. 결국 비참하고 끔찍한 종말적 서사를 써내려가게 되는 것입니다.

하지만 여기서 멈추지 마십시오. 당신의 이야기는 아직 끝나지 않았습니다. 하나님의 이야기의 품은 크고, 그 행간은 넓습니다. 다음의 질문들을 던져보세요.

"하나님, 내가 학대당할 때 어디 계셨습니까?"
"이렇게 망가진 내 인생의 이야기를 지금이라도 달라지게 하실 수 있나요?"

이 질문들은 단순한 원망이 아닙니다. 우리의 이야기에 하나님을 초청하는 시작점입니다. 큰 이야기의 하나님은 반드시 당신의 초청에 응하십니다. 그 고통스러운 삶의 의미와 오늘을 견디고 내일을 기대해야 할 이유를 말씀해 주실 것입니다.

4) 피지배 서사 – 수동태로 쓰이는 이야기

학대받은 청년들의 삶에는 한 가지 공통점이 있습니다. 자신의 이야기에서 주인공이 아니라는 것입니다. 피지배 서사의 결과는 비참합니다. 끊임없이 타인의 시선에 자신을 맞추고, 고통조차 남의 기준에 따라 느낍니다. 만일 가정에서 자녀의 정서를 소중히 여기며 보호하지 않으면 청년 자녀들도 위험 가득한 세상에서 신뢰하지 말아야 할 사람들에게 학대와 약탈을 겪을 수 있습니다. 자신에게 다가오는 위험을 예측하지도 못하고, 위험한 사람들이 미끼처럼 던지는 인정, 애정, 돈의 유혹에 빠져 위험을 자초하게 될 것입니다. 이것은 사방에 위험이 도사리는 노숙인처럼 자녀를 위험에 빠트리는 일입니다.

부모의 만성적인 거절과 폭언과 폭행은 청년들의 이야기를 모조리 수동태 서사로 바꾸어놓습니다. 자신에게 무슨 일이 일어나도 타인의 요구가 더 우선인 스토리만을 만들어 갑니다. 타인이 나에게 가하는 고통을 거부하지 못하고 오히려 자신의 잘못에서 비롯된 것이니 마땅히 그것을 당하고 견뎌야 한다고 믿습니다.

자기존중을 모르는 청년들이 빠지는 가장 위험한 함정은 상대에게 무조건적인 권리를 허용하는 것입니다. 타인이 나를 불편하게 해도 내가 인정받는 것이면 괜찮다고 생각합니다. 자신이 사랑받는 일이라면 상대가 무슨 일을 저질러도 참고 허용합니다. 자신의 경계선을 무례하게 침범해도, 자신을 이용해도, 심지어 학대해도 '그래도 날 알아주는 사람'이라며 모든 것을 허용합니다. 그들의 생각은 너무 착해서 위험합니다. '내가 저 사람에게 충분할까?' 이 질문은 다음과 같이 바뀌어야 합니다.

'저 사람이 과연 나에게 좋은 사람일까?'

사회생활을 시작하는 청년들은 반드시 이런 의심과 경계심을 가져야 합니다. 자기 보호 능력이 무너진 청년들은 너무나 쉽게 악한 사람들의 먹잇감이 됩니다.

사단은 때로 부모의 입을 통해 지금도 청년들에게 이처럼 지옥 같은 삶을 '선사'하려고 합니다. 청년 서사는 더는 누군가에게 지배당해서는 안 됩니다. 지금 당신의 이야기는 누가 쓰고 있습니까? 주도적으로 승리자의 이야기를 써나가시기 바랍니다.

5) 치명적 비난 - 죽이는 말과 살리는 말
"너는 왜 그 모양이냐? 그렇게 살고 싶니?"

K군은 오늘도 엄마의 잔소리를 듣습니다. 그동안 식당 일도 해보고, 남들이 꺼리는 선박 회사 일까지 도전하며 나름 노력했지만, 잠시 일

을 쉬는 것조차 부모님은 이해해 주지 않습니다. 끊이지 않는 엄마의 잔소리에 K군은 점점 숨이 막혀옵니다. 여러분도 이런 말에 죽어가고 있지는 않습니까? 반복되는 비난은 청년의 영혼을 서서히 죽입니다.

더 무서운 것은 하나님의 이름으로 가해지는 비난입니다. 율법주의와 처벌주의로 무장한 종교적 비난은 청년들을 더욱 깊은 죄책감에 빠지게 합니다. 하나님께 나아갈 힘조차 빼앗아버리는 것이 바로 영적 폭력입니다.

그러나 하나님의 이야기는 정죄가 아닌 회복의 이야기입니다. 예수님은 비난하러 오신 것이 아니라 살리러 오셨습니다. 예수님의 완전한 순종과 죄 없는 죽음은 당신을 향한 모든 비난을 무효화시킵니다. 오직 한 가지 조건은 그 예수님께 당신의 이야기를 가져가는 것입니다.

서사를 가로막는 내부의 요인 발견하기

1) 학습된 무기력

1975년, 심리학자 셀리그만은 충격적인 실험을 했습니다. 스물네 마리의 개들을 전기충격에 노출시킨 후, 한 그룹은 아무리 조작기를 눌러도 충격을 피할 수 없게 했습니다. 결과는 놀라웠습니다. 24시간 후 조작기가 작동하고 줄을 풀어주었지만, 개들은 더 이상 도망치지 않았습니다. 이미 '아무리 해도 소용없다'는 것을 학습한 것입니다. 이것이 바로 '학습된 무기력'(learned helplessness)입니다.

청년이 자신의 서사를 멈추는 것도 학습된 무기력의 결과입니다. 아무리 말해도 부모님은 여전히 비난만 하고, 아무리 노력해도 사회에서 인정받지 못할 때 그들은 포기하고 그것에 적응합니다. 여러분도 이런 경험이 있습니까?

"어차피 안 될 텐데 왜 또 해야 돼? 귀찮게······."

이런 반응이 바로 학습된 무기력의 증상입니다. 더 이상 도전하지 않고, 시도하지 않으며, 심지어 집 밖으로 나가려 하지도 않습니다.

어린 다윗이 나타나기 전, 이스라엘 군대는 거인 골리앗 앞에서 학습된 무기력에 빠져있었습니다. 그들은 두려움에 갇혀 숨죽이고 시간만 허비하고 있었습니다.

'저렇게 크고 강한 용사를 이길 수 있는 방법은 없어.'

이것은 경험을 넘어 미신적인 '확신'이었습니다. 전투는 미궁에 빠져 있었고, 골리앗이 매일 나와 이스라엘 군대를 조롱하는 소리를 듣고만 있었습니다.

'에이, 우리가 저런 거인을 어떻게 이겨? 지금까지 이런 싸움을 해본 적이 있어?'

하지만 무기력은 싸우라고 있는 것입니다. 적의 껍데기 위용에 휘둘려 지배당하지 말고 싸우려 안간힘을 써야 합니다. 그 첫걸음이 말하기입니다. 실패와 낙방에 대해 말하기 시작하세요. 공감해 주는 귀에 대고 조금씩 나의 실패를 말해 보세요. 교회의 청년 소그룹도 괜찮습니다. 가만히 있는데 누가 도와주는 법은 없습니다.

"내가 안 해 본 줄 알아? 해도 아무런 소용 없었어."

이런 주정뱅이의 투정을 버리십시오. 살려달라고, 질식할 것 같다고 입을 먼저 열어야 합니다(Cry for help!). 자기 안에서 나오는 저항이 더 고집스럽습니다. 적을 적이라 규정하고, 한바탕 전투를 준비해야 합니다. 용기를 내어 싸울 때만 적이 적으로 인식됩니다. 서사 저항은 '거짓의 내러티브'와 맞닿아 있습니다. 거짓의 내러티브는 자기 속에 있는 타고난 잠재력과 마음에 거주하시는 성령님의 무한하신 능력을 꽁꽁 감추어버린 채 진실을 "숨겨버리는 스토리텔링"이기 때문입니다. 청년이기에 실패를 솔직히 말하고 도움을 구할 수 있습니다. 청년이기에 다시 시작할 수 있습니다.

2) 도돌이표 우울

사람들은 청년들을 화려하게 칭찬합니다.

"너희는 5월의 푸른 신록이다."
"영롱한 새벽이슬 같다."
"너희 같은 청춘이 부럽다."

하지만 20대가 실제로 체감하는 현실은 전혀 다릅니다. 청년기는 삶의 중요한 전환기로 직업, 배우자, 가족 등 평생을 좌우할 결정들이 한꺼번에 쏟아지는 시기입니다. 안팎의 높은 기대는 부담이 되고, 내면의 스트레스와 불안이 일상을 지배합니다.

어떤 면에서 20대의 우울은 10대를 울적하게 했던 일들의 반복에 불과합니다. 미래에 대한 부담, 나아지지 않는 가정 형편, 애써도 표나지 않는 노력, 결정된 것 하나 없는 불확실한 미래와 영향력 없는 사회적 위치까지, 이 모든 것이 10대보다 더 무거운 책임감과 함께 청년들을 절망과 우울로 가라앉게 만듭니다.

우울한 마음은 참 무거워서 하루를 살기가 버겁습니다. 지적 능력도 떨어지고 대화하는 것조차 힘겹습니다. 사람들과의 관계가 어렵습니다. 그러다 문득 삶의 끈을 놓으면 어떻게 될까 하는 생각까지 들기도 합니다.

병원을 찾아가도 의사 앞에서는 밝은 미소로 이야기하는 페르소나(persona, 가면)가 한둘이 아닙니다. "사실은 어제 자살 사이트를 찾아 어떻게 죽을지 고민했어요"라고 말해야 겨우 의사도 심각성을 인지합니다. 하지만 청년에게는 상담할 시간도, 돈도 여유가 없습니다. 사람을 만나는 것은 무섭고, 회사에 가는 것은 두려우며, 하루하루 버티기가 힘듭니다.

"우울증이 한 석 달 정도 됐는데, 진짜 무기력의 끝판왕이었어요. 뭘 못하겠더라고요. 아무것도요."

어릴 때부터 상처를 많이 받고 자란 한 청년은 대학원 졸업 후 일할 기회를 계속 거절당했습니다. 100번 중 99번은 떨어졌다고 합니다.

맥이 빠지고 자신감이 떨어지며, '내가 이렇게 쓸모없는 사람이었다니'라는 무가치감이 밀려왔습니다.

그래서 우울은 병이 깊어질수록 아무도 만나고 싶어하지 않습니다. 말도 안 하게 되면서 자연히 소외감도 커집니다. 행복해지고 싶지만 내 인생이 우울한 감정을 중심으로 제자리에 맴돌고 있는 것 같습니다. 누군가의 도움이 너무나 간절히 필요한데 어디에 말해야 할지 모르겠습니다.

우울증은 하루아침에 생기지 않습니다. 첫째는 현재 우울감을 자극하는 청년기의 사건(trigger, 방아쇠)이 있었을 것입니다. 폭언이나 폭력, 성희롱이나 과도한 공부량, 부담스러운 관계나 업무가 그 이유가 될 수 있습니다. 둘째는 우울감을 중심으로 정서를 맴돌게 하는 어린 시절의 만성적인 불안입니다. 우울증은 성장기 애착 관계의 상실이나 위협과 60-70% 이상 관련이 있습니다.[23] 부모와의 분리 경험이나 정서적 방치, 학대는 후에 우울증으로 자라는 마음의 큰 상처가 됩니다.

사회적 거절이 용인된 하나의 '폭력'이라면 이것 역시 거절과 폭력을 함께 겪으신 예수님의 십자가의 이야기와 연결될 수 있습니다. 예수님의 마지막 여정은 연이은 거절의 서사였습니다. 가장 가까운 제자들마저 예수님을 부인하고 도망갔으며, 십자가형은 로마 시대 가장 잔혹한 사형법이었습니다. 손과 발에 못이 박히는 극심한 물리적 고통뿐만 아니라 서서히 죽어가는 정신적 고통은 상상을 초월했습니다.

"나의 하나님, 나의 하나님, 어찌하여 나를 버리셨나이까?"(마 27:46)

예수님은 절규하셨습니다. 이 순간 예수님은 아버지 하나님으로부터도 버림받은 절대적 고독을 경험하셨습니다.

그러나 십자가 사건의 진정한 의미는 이 모든 거절과 고통이 헛되지 않았다는 데 있습니다. 예수님의 죽음은 3일 후 부활로 완전히 뒤바뀌었습니다. 가장 큰 실패처럼 보였던 순간이 실제로는 가장 큰 승리의 전환점이었습니다. 모든 거절과 고통이 실제로는 인류 구원이라는 더 큰 목적을 위한 과정이었음이 드러난 것입니다.

이 십자가의 서사는 오늘날 거절과 절망을 경험하는 청년들의 마음을 예수님이 완전히 이해하고 공감하신다는 것을 보여줍니다. 동시에 십자가에서 부활로 이어지는 서사는 현재의 고통이 마지막이 아니라는 희망을 줍니다.

가장 어둡고 절망적인 순간도 새로운 시작의 전야가 될 수 있습니다. 사회가 거절한다고 해서 그 사람의 진정한 가치가 사라지는 것이 아닙니다. 현재의 실패가 그 사람의 인생 전체 이야기를 규정하지도 않습니다.

십자가야말로 절망에 빠진 청년들이 다시 일어설 수 있는 구속적 내러티브의 핵심입니다. 이것은 우리의 이야기를 보다 광범위한 구속의 맥락 속에서 말함으로써 가능해집니다. 이것이야말로 청년이 오늘을 의미 있게 버틸 수 있는 이유입니다. 당신의 도돌이표 우울은 더 큰 구속의 맥락 안에서 새로운 의미를 갖게 될 것입니다.

사단의 전략과 안팎의 방해를 파악하자

청년들의 서사는 사단의 집요한 공격의 표적이 되며 여러가지 방해 요소를 갖고 있다. 첫째, 사단은 거짓과 속임수로 이야기를 비틀고, 가까운 이들과 비교하도록 만든다. 점술과 운세로 현혹하며 물질적 조건을 제시한다. 둘째, 세상은 귀를 막고 주변인들은 옳은 말의 폭력을 가하며 이로 인해 폭군 서사와 피지배 서사가 나타난다. 셋째, 내부에서는 학습된 무기력과 되풀이되는 우울이 서사를 방해한다. 이러한 저항들을 깨달으면 맞설 수 있는 방법도 찾아낼 수 있다. 나의 가치는 예수 그리스도의 생명으로 지불된 값에 있음을 깨닫고, 아픔과 취약성을 용기 있게 말해야 한다.

> **서사 노트** 우울증 자가진단 체크리스트

우울감이나 무기력함은 자신의 서사를 온전히 바라보고 새롭게 해석하는 것을 어렵게 만듭니다. 체크리스트를 통해 자신 안에 우울감이 있는지 여부를 확인하고, 필요한 경우 전문적인 도움을 구해야 합니다.

우울증 자가진단 체크리스트
- 최근 2주간 기분이 가라앉거나 우울하거나 절망적인 느낌이 들었다.
- 평소 즐겨하던 활동에 대한 흥미나 즐거움이 줄어들었다.
- 잠들기 어렵거나, 자주 깨거나, 혹은 너무 많이 자는 등의 수면 패턴 변화가 있었다.
- 식욕이 감소하거나 증가했다. 또는 그로 인한 체중 변화가 있었다.
- 일상적인 활동을 하는 데 있어 피로감이나 에너지 부족을 느꼈다.
- 자신이 가치 없다고 느끼거나 과도한 죄책감을 경험했다.
- 집중하기 어렵거나 결정을 내리는 것이 어려워졌다.
- 평소보다 말이나 움직임이 느려졌거나, 반대로 불안해서 가만히 있지 못하고 안절부절못했다.
- 죽음에 대한 생각이 자주 들거나 자해를 생각한 적이 있었다.
- 미래에 대해 희망이 없다고 느꼈다.

청년 특화 항목

- 학업이나 직장에서의 성과가 떨어지거나 과제/업무를 미루는 경향이 최근 증가했다.
- 소셜미디어나 온라인 활동에서 다른 사람들과 자신을 비교하여 가치가 떨어진다고 느꼈다.
- 친구나 가족과의 소통을 의도적으로 피하거나 사회적 모임에 참여하는 것이 부담스러워졌다.
- 미래의 진로나 인생 방향에 대한 불확실성이 과도한 스트레스나 불안을 유발했다.
- 경제적 문제(학자금 대출, 취업 어려움, 주거 비용 등)로 인한 지속적인 걱정이 있었다.
- 알코올이나 약물 사용이 증가했거나, 이를 통해 감정을 억누르려는 시도를 한 적이 있었다.
- 신체적 증상(두통, 소화불량, 근육통 등)이 특별한 의학적 이유 없이 빈번하게 발생했다.
- 자신의 외모나 능력에 대한 부정적 생각이 지속적으로 들었다.
- 성취했던 일에도 만족감이나 기쁨을 느끼지 못했다.
- 자신의 감정을 표현하거나 도움을 요청하는 것이 어렵다고 느꼈다.

채점 방법

각 항목에 체크한 개수를 세어 총점(0~20)을 계산하세요.

결과 해석

0-4개 항목 체크

현재 우울 증상이 경미하거나 거의 없는 상태입니다. 일상적인 스트레스나 기분 변화를 경험하고 있을 수 있습니다. 지속적인 자기 관리와 스트레스 관리가 도움이 될 수 있습니다.

5-9개 항목 체크

경도에서 중등도의 우울 증상이 있을 수 있습니다. 기분, 에너지, 수면, 식욕 등에 변화가 나타나고 있습니다. 전문가와의 상담을 고려해 보는 것이 좋습니다. 규칙적인 운동, 충분한 수면, 건강한 식습관을 유지하는 것이 도움이 될 수 있습니다.

10-14개 항목 체크

중등도에서 심각한 우울 증상이 있을 가능성이 높습니다. 일상생활에 지장을 주는 여러 증상을 경험하고 있습니다. 정신건강 전문가(정신과 의사, 심리상담사 등)와의 상담을 권장합니다. 주변 지인들에게 지지를 요청하고 혼자 문제를 해결하려 하지 마세요.

15-20개 항목 체크

심각한 우울 증상을 경험하고 있을 가능성이 매우 높습니다. 가능한 빨리 정신건강 전문가의 도움을 받으시길 강력히 권장합니다. 자해나 자살 생각이 있다면 즉시 도움을 요청하세요. 긴급 상황 시 자살예방 핫라인(1393) 또는 정신건강 위기상담 전화(1577-0199)로 연락하세요.

청년 특화 항목 해석

청년 특화 항목에서 3개 이상 체크했다면, 청년기에 흔히 겪는 스트레스 요인(학업/직장 압박, 미래 불안, 사회적 비교, 경제적 어려움 등)이 우울 증상에 영향을 미치고 있을 수 있습니다. 이러한 요인들을 인식하고 대처 방법을 찾는 것이 중요합니다.

주의사항

이 체크리스트는 전문적인 진단 도구가 아니며, 참고용으로만 활용하세요. 결과와 상관없이 심리적 어려움이 지속된다면 전문가와 상담하는 것이 중요합니다. 자해나 자살에 대한 생각이 있다면 즉시 도움을 요청하세요. 우울증은 치료가 가능한 질환입니다. 적절한 도움을 통해 증상이 호전될 수 있습니다.

PART 2
•

새롭게 쓰는
청년의 이야기

"수비만 잘해서 이기는 팀은 없다.
꿈이든 희망이든 공격하지 않으면
얻을 것도, 지킬 것도 없다."

4

통과하라:
어둠의 터널을 뚫어야 한다

청년들에게 어둠은 트라우마, 상실, 실패, 고립감 등으로 찾아옵니다. 하지만 어둠은 통과할 수 있는 길이며 그 길에는 자신의 이야기를 말하는 용기, 새로운 서사를 써나가는 희망, 그리고 하나님의 이야기와 만나는 치유가 있습니다. 앞서 청년들의 아픈 이야기들과, 사단의 계략, 안팎의 방해 요소들을 살펴본 뒤 4장에서는 청년들이 터널을 통과해 새로운 서사를 발견할 수 있는 방법들을 소개합니다.

격려로 이야기 전환하기

L군은 정말 열심히 살아왔습니다. 아르바이트로 중공업 회사의 흙먼지 속에서도 남들보다 더 오래 일했고, 궂은일도 가리지 않았습니다.

하지만 돌아오는 것은 꾸중과 한숨뿐이었습니다. 취업을 준비하는 지금은 직장이 없으면 살 가치도 없는 것인지, 취준생은 죄인인 건지 이런저런 생각이 그를 짓눌렀습니다.

만약 L군이 이런 말들을 들었다면 어땠을까요?

"그래, 고생 많지? 조금만 쉬었다 해라."
"인생은 길고, 가야 할 길은 머니, 서두르지 말고 네가 정말 하고 싶은 것을 하거라!"

그랬다면 그는 지금 이 땅에서 누구보다 더 열심히 살아갔을 것입니다. 하지만 슬프게도 이런 변화는 '불가능'에 가깝습니다. 가족 구조에는 '항상성'(homeostasis)이 있어서 좀처럼 변하지 않기 때문입니다. L군의 가족에서는 오랜 시간 부모는 평가하고 압박하며, L군은 위축되는 역할이 익숙한 패턴이 되었습니다. 부모가 실업 상태의 아들을 창피하게 여기며 압박을 주는 상황에서, 청년이 설 자리는 없었습니다. 어머니는 교회에 다니는 신실한 그리스도인이었는데도 아들을 어린아이 고치듯 대했습니다.

좋은 직장을 싫어하는 청년은 없습니다. 하지만 기회는 제한되어 있고 경쟁은 치열합니다. 경쟁 자체는 생산성을 높이는 측면이 있지만, 낙오자들에게는 미래가 보이지 않습니다.

2,523명의 대학생을 대상으로 한 조사에서 실직 경험은 불안과 우울에 직접적인 영향을 미치는 것으로 나타났습니다.[24] 10.6%의 청년

들은 자살 충동을 느꼈으며, 64.6%는 구직에 따른 다른 청년들의 자살 충동에 공감했습니다.[25] 정상적인 시민으로서 마땅히 누려야 할 특권이 박탈된 청년들의 상태를 "사회적 배제"(social exclusion)라고 부릅니다.

청년층의 빈곤 수준이 높아지고 비교에 따른 상대적 박탈감도 커지는 가운데, 청년의 50% 이상은 중·장년 부모를 "최후 의존처"(last resort)로 삼고 있었습니다. 그런데 만일 부모가 자녀에게 차갑거나 무관심하다면 청년들의 어려움은 깊어질 수밖에 없을 것입니다.[26] 앞서 정신적으로 쉴 곳이 없었던 L군은 빨리 집을 떠나고 싶어 했지만 결국 혼자서 더 먼 길을 떠나고 말았습니다.

기독교 가정이라고 다를까요? 하나님의 사랑과 구원의 이야기가 선포되는 예배에 참여한다고 해서 가족에게도 언제나 구원과 위로가 있는 것은 아닙니다. 이것을 "의례상의 배임 행위"라고 부릅니다. 기독교 가정이 청년 자녀에게 쉼을 주지 못한다면 그들의 삶은 고달프고 비참해질 수밖에 없습니다.[27]

남 탓하기의 유혹 뿌리치기

어떤 사람들은 청년 문제를 모두 국가와 사회의 잘못으로 돌립니다. "사회가 하라는 대로 했는데 취직이 안 되면, 당연히 사회 탓이지." "하고 싶은 것 참아가며 여기까지 왔는데, 기회가 없는 건 사회 때문이야."[28]

일이 뜻대로 풀리지 않는 청년에게는 솔깃한 말입니다. 누군가 대신

욕을 해주니 속이 시원할 수도 있겠죠. 하지만 이것은 속임수에 불과합니다. 경제 상황이 어렵고 취업이 까다로운 것은 맞지만, 그렇다고 모든 청년이 불특정 사회에 대한 원한을 품거나 분노를 축적하는 것은 아닙니다. 대부분의 청년은 잠깐 실망하거나 낙심할 수는 있어도, 세상에 대해 한 맺힌 분노를 키우지는 않습니다. 이렇게 타인이나 사회를 탓하는 잘못된 분노는 청년 개인의 서사에 도움이 되지 않습니다.

예를 들어 자기와 비슷한 나이의 20대 여성을 잔인하게 살해한 한 범죄자가 있었습니다. 가족에 대한 분노를 사회로 전환시킨 경우였습니다. 재혼한 아버지와 새할머니에 대한 불만으로 그들에게 복수하려 했지만 뜻대로 되지 않자 다른 사람에게 분노를 푼 것입니다.

"누구라도 안 죽이면 분이 안 풀립니다. 이제는 실제로 사람을 죽여봐야겠습니다."

재판에서는 심신미약을 주장했지만, 반성문에서는 자신의 불행한 처지를 알아달라며 살고 싶다고 말했습니다. 남을 탓하는 분노가 얼마나 파괴적인 결과를 낳을 수 있는지 보여주는 극단적인 사례입니다.

비난은 서사를 바꾸지 못합니다. 청년의 서사는 누구를 비난한다고 해서 써지지 않습니다. 모든 문제를 남 탓으로 돌리며 시간을 낭비하는 사람은 결국 자신의 삶도, 사회도 발전시키지 못합니다. 대개 제대로 된 경제활동을 하지 못하기 때문입니다.

세상을 비난하면서 그것이 세상을 바꾸는 길이라고 믿는 태도는 결국 '모든 문제는 밖에 있으니까 난 아무런 문제가 없어!'로 요약됩니다. 이는 인간 내면의 갈등조차 외부 문제로 투사하는 방어기제일 뿐입니다. 남의 문제를 찾아내고 비판하는 데는 익숙하지만, 정작 자신의 잘못이나 오류는 인정하지 않지요. 그러면서도 자기 이익은 철저히 챙기다가, 결국 자신이 비난했던 그 자리에 올라가면 스스로 부패하고 맙니다.

하나님의 방식으로 기억하기: 정의와 자비

스마트한 청년 세대는 시대의 물결에 편승해 세상을 원망하며 시간을 낭비하지 않습니다. 진짜 문제는 사람입니다. 인간의 마음이 가장 쉽게 오염되고 부패하기 때문입니다. 부패한 마음이 조직이나 사회의 권력을 잡으면 큰 악, 곧 악마(the demonic)의 힘을 발휘할 수도 있습니다.

떠오르는 대로 비난하는 것은 건강한 서사가 아닙니다. 상처를 준 사람을 생각할 때마다 분노를 느끼는 것이 전부가 되어서는 안 됩니다. 기억은 정직하고 정확해야 하며, 타인이나 구조적인 잘못을 잊어서도 안 됩니다. 문제를 정확히 파악하고 타깃과 전략을 정해야 합니다. 인간 내면과 외부의 문제를 함께 보되, 문제의 본질이 전도되지 않도록 주의해야 합니다.

자신을 거절하는 세상에 익명의 폭언을 쏟아붓는 것이 순간적인 카타르시스를 줄 수는 있겠지요. 하지만 원초적 본능과 공격성을 어떤 대상에게 치환하여 표출한다고 해서 문제가 해결되는 것은 아닙니다. 오히려 문제를 더 악화시킬 뿐입니다.

심리치료를 한답시고 어릴 때부터 인형이나 베개를 때리며 감정을 표출했던 아이들은 정서가 순화되는 것이 아니라, 오히려 나중에 가족을 학대하는 사람이 될 수 있다는 연구 결과가 있습니다. 분노를 단순히 표출하는 것은 해결책이 아니라는 증거입니다. 원망과 불평 대신, 불가능해 보이는 소망일지라도 말할 기회를 찾는 것이 문제를 푸는 지름길이며, 진정한 변화는 자신의 책임을 인정하고 내면을 직시할 때 시작됩니다.

건강한 기억이란 "하나님의 방식으로 기억하기를 배우는 것"입니다. 하나님이 허락하시는 화해와 용서의 경험 덕분에 이제 우리 청년들도 자신들에게 저질러진 것에 대하여 원한을 품지 않는 방식으로 기억할 수 있습니다.[29] 이것이 바로 비난의 함정을 극복하고 새로운 서사를 써나가는 길입니다.

성경을 보면 하나님은 인간의 죄와 악을 분명히 기억하십니다. 정의의 하나님이시기 때문입니다. 그러나 잘못을 잊지 않되, 그 잘못이 관계를 영원히 차단하지 않도록 회복의 가능성을 열어두십니다. 건강하게 기억하기란 다음과 같습니다.

첫째, 사실을 왜곡하지 않기입니다.

나를 괴롭힌 상사의 부당함을 부인하거나 미화하지 않습니다. 부당함은 부당함으로, 상처는 상처로 정직하게 기억합니다.

둘째, 상처의 의미를 재해석하기입니다.

"저 사람 때문에 내 인생이 망했어"가 아니라 "저런 일을 겪으면서 나는 무엇을 배웠고, 어떻게 성장했을까"를 생각해보는 것입니다. 상처를 통해 얻은 지혜, 더 깊어진 공감 능력, 비슷한 처지의 사람들을 돕고 싶은 마음 같은 것들을 발견하는 것입니다.

셋째, 복수 대신 회복을 선택하기입니다.

"저 사람이 언젠가 벌 받았으면 좋겠어"라는 마음을 "저 사람도 언젠가는 자신의 잘못을 깨닫고 변화되기를 바란다"는 마음으로 전환하는 것입니다. 쉬운 일은 아니지만 이런 마음의 전환이야말로 진정한 자유를 가져다줍니다.

넷째, 과거에 매이지 않고 미래를 향해 나아가기입니다.

상처받은 기억이 현재의 선택을 제한하지 않도록 하는 것입니다. "어차피 세상은 다 그래", "사람들은 믿을 수 없어"라는 일반화된 절망 대신, "저런 일도 있지만 좋은 사람들도 많고, 나는 계속 성장해 나갈 거야"라는 희망을 선택하는 것입니다.

현실의 어려움을 인정하되, 비난의 함정에 빠지지 않고 자신의 서사를 주체적으로 써나가는 것, 분노를 품되 그것에 갇히지 않고, 상처를 기억하되 그것에 매이지 않는 것, 그렇게 우리는 건강한 청년 서사를 써나갈 수 있습니다.

스토리텔링을 시작하라

스토리텔링이란 서사를 발화(發話, storytelling)하는 것으로, 소리를 내어 말하는 언어 행위를 시작하는 것입니다. 스토리는 힘을 가지고 있어서 스토리텔링은 듣는 사람들을 이야기의 행간으로 끌어들이고 그들의 삶을 변화시킵니다. 그래서 청년들은 이야기를 하고 듣는 사람은 그들의 서사를 잘 경청해야 합니다. 그래야 청년의 이야기가 소망의 이야기로 바뀔 수 있습니다.

트라우마를 말하기

존 로크는 인간의 자아가 과거에서 시작하여 지금도 새로운 경험으로 확장되고 있는 진행형의 이야기라고 말합니다. 한 사람의 인생이란 이런 이야기들의 종합이며 지금도 계속 확장되고 있습니다. 그런데 이러한 이야기와 기억이 단절되게 하는 사건이 '트라우마'입니다. 트라우마 사건은 기억을 파괴하고, 사건 전후의 자아를 분열시키지요.

2차 세계대전 당시 아우슈비츠 생존자들은 트라우마의 고통과 두려움이 인간을 동물적 시간에 가둔다고 증언했습니다. 지금 이 순간 생존해야 하고, 당장의 배고픔과 추위를 견뎌야 하는 것이 동물의 시간입니다. 과거 가족과의 단란했던 기억도, 내일에 대한 계획이나 꿈도 없습니다. 맹수에게 먹히지 않기 위해 밤새 잠 못 이루고 귀를 쫑긋 세우는 초원의 사슴처럼, 트라우마 생존자는 이런 동물적 시간에 갇힙니다. 기억이 파편화되어 미래를 꿈꾸는 능력도 상실하게 됩니다.

여러분의 부모님은 보통 50년 이상을 살아오며 단단해진 자아를 가진 삶의 용사들입니다. 회복탄력성(resilience)이 나름 잘 작동합니다. 하지만 20-30년을 살아온 청년의 삶은 아직 취약합니다. 그래서 조급하고, 불안하며, 쉽게 분노합니다. 수강신청을 하나 놓쳤다고 죽고 싶어하는 대학생도 있고, 임용고시에 몇 번이나 떨어져 기력을 잃은 N수

생도 있습니다.

그리스어로 '상처'나 '흉터'를 의미하는 트라우마는 '피 흘리는 상처'를 말하며, 상황에 '압도되어' 감당하기 힘든 일들을 가리키기도 합니다.[30] 하지만 청년의 트라우마는 달리 정의되어야 합니다. 그것은 단순히 객관적 사건만이 아니라 주관적으로도 위협으로 느껴지는 생애 전환의 사건들을 통칭합니다.

트라우마 전문가인 김규보 교수에 따르면 전쟁, 재난과 같은 '빅 트라우마'도 있지만 자존감의 저하, 수치심이나 죄책감 등 일상에서 경험하는 부정적 감정이나 사고를 야기하는 '스몰 트라우마'도 큰 고통을 준다고 합니다.[31] 크든 작든 트라우마는 자아 서사의 연속성에 문제를 일으킵니다. 청년들은 어엿한 성인이지만 여전히 선택의 폭이 좁습니다. 대안적 관점에서 삶의 사건들을 현재와 미래로 이어갈 수 있는 능력이 제한적입니다. 그 결과 은둔형 청년들은 사람들의 시선을 무서워하며 현실에서 도피하고, 부적절감과 수치심을 대면하기 어려워 도움조차 구하지 않습니다.

여기에 청년의 용기가 필요합니다. 자신이 겪은 것을 발설하는 것 자체가 위험을 내포하고 있지만 아울러 세상에 대한 신뢰가 필요합니다. 자신의 트라우마가 인생을 끝내는 것이 아니라, 이야기함으로써 내보낼 수 있게 된다는 사실을 믿어야 합니다.

사람들은 흔히 힘든 일을 겪은 사람에게 그 일을 말하지 말라고 합니다. 그러나 말해야 살아납니다. 성폭행 트라우마의 생존자였던 다트머스대학교의 수잔 브라이슨 교수는 자신의 말을 듣고 믿어주는 사람

들 앞에서 자신이 무슨 일을 겪었는지를 증언하는 것은 치유의 효과를 준다고 말합니다.[32]

"트라우마 생존자는 자신의 트라우마의 이야기를 실제로 그리고 공개적으로 얘기하거나 글로 써야만 한다. 또한 다른 사람들은 생존자가 자율적인 자아로서 완벽하게 회복할 수 있도록 하기 위해서는 생존자의 이야기를 들어야만 한다."

트라우마는 청년의 삶에도 불쑥 끼어들어 과거와 미래 이야기의 연결을 방해합니다. 하지만 이야기할 수 있다면 괜찮습니다. 친구든, 의사든, 변호사든, 목회자든, 청년의 이야기를 진지하게 묻고 경청하는 사람이라면 서사는 살아나고 영혼은 숨을 쉽니다. 우리 청년들이 스몰 트라우마가 가득한 시기를 지날 때 용기 내어 자신의 어려움을 말해야 할 이유가 여기 있습니다. 약은 신체의 바이오리듬을 살리지만, 이야기는 절망한 마음을 다시 살려 살아갈 마음을 일으킵니다.

성경의 스토리텔링 만나기

스토리텔링은 그 자체로 안정을 깨트리는 힘을 가졌습니다. 이야기가 한 인간의 안정된 세계를 뒤엎기도 하고, 자기 해석의 경계를 넘어 제3의 이야기로 통합되기도 합니다.

다윗왕이 충실한 신하인 우리아의 아내를 빼앗고 우리아를 죽게 했을 때, 하나님은 나단 선지자를 보내 다윗에게 다음과 같은 이야기를 들려주셨습니다.

"한 마을에 부자와 가난한 사람이 살았습니다. 부자에게는 소와 양이 많고 가난한 사람에게는 어린양 한 마리가 전부였습니다. 그 양은 가난한 사람에게는 딸처럼 함께 먹고 자는 존재였습니다. 그런데 어느 날 이 부자에게 손님이 찾아왔고 부자는 손님을 어떻게 대접해야 할지 고민했습니다. '음식을 대접하긴 해야 되는데 내 양을 잡기에는 좀 아까워.' 결국 그는 자기 양이나 소 대신에 이 가난한 사람의 유일한 어린양을 잡아 손님을 대접했습니다."

이 이야기를 들은 다윗은 노발대발하며 그런 악인은 마땅히 죽어야 한다고 소리쳤습니다.

그때 나단 선지자가 결정적인 한마디를 던집니다.

"당신이 바로 그 사람입니다!"(삼하 12:7)

열 달 동안 자기 잘못을 깨닫지 못했던 다윗은 이야기의 힘에 걸려들었습니다. 혐오스러운 이야기 속 인물이 바로 자신이라는 것을 깨달았을 때, 그는 털썩 주저앉으며 고백했습니다.

"내가 여호와께 죄를 범했습니다."(삼하 12:13)

이것이 하나님 이야기의 힘입니다. 더는 피할 수도 없고 숨길 수도 없는 하나님 이야기의 덫입니다. 이 덫에 빠져야 희망이 있습니다. 그래야 하나님께 용서와 자비를 구하는 기도의 이야기와 죄 용서의 이야기가 이어질 수 있기 때문입니다.

청년 자신의 죄가 고백되고 하나님의 자비가 찾아올 때 사람은 근본적으로 변화될 수 있습니다. 하나님은 지금도 인간의 배반과 불신의 죄를 보시며 심판의 칼이 아니라, 십자가에서 죽은 아들 예수님의 서사로 청년들을 찾아오십니다. 예수님의 이야기에 들어오라고 말입니다. 예수님의 이야기가 올바른 진리의 내러티브라면, 여기에 들어온 모든 청년의 이야기를 반드시 의미 있게 할 것입니다. 이것이 바로 믿음입니다.

"앞으로 살아갈 날이 더 많다!"

이 말이 그렇게도 무서웠던 청년이 있었습니다. 어린 시절 학대와 부모의 방치로 심한 우울감이 왔을 때는 감정이 아예 없어지고 영혼이 나간 느낌을 받았습니다. 자신이 죽은 사람 같고, 죽어도 상관없는 사람처럼 느껴졌습니다. '내가 아픈 것을 누구한테 말하지?'하고 고민해도 말할 사람이 없었습니다.

그러던 어느 날 성경을 읽다가 눈물이 흘렀습니다. 창세기에서 형제들에게 버림받고 이집트로 팔려간 요셉의 이야기를 읽으며 너무 슬펐기 때문입니다.

'그 억울함을 어떻게 참았을까?' 질문해 보았습니다. 그는 성경을 읽을 때 요셉처럼 성경 인물과 대화하는 느낌이 들었습니다. 상황을 상상하면 너무나 공감이 됐기 때문입니다. 무엇보다 인간들로부터 배신당하시는 하나님께 공감하는 마음이 들었습니다.

'하나님은 얼마나 외로우실까?'

이 청년은 부모의 경청과 친절한 안내를 평생 기대할 수 없었습니다. 그러나 성경을 읽으며 자신의 아픔을 느꼈고, 하나님의 이야기와 자신의 이야기가 합쳐져 위로를 받았습니다. 그리고 다른 사람에게도 공감하게 됐습니다. 여기에 교회 공동체의 친절과 사랑이 더해졌을 때, 이 청년의 서사는 어떤 환경에도 무너지지 않고 앞으로 나아가는 힘찬 목적의식과 추동력을 얻게 되었습니다.

이것이 이야기를 통한 성장입니다. 흔히 우리는 완벽하고 안전한 환경이 주어지면 삶이 풍성하고 의미 있으리라 생각합니다. 중산층의 화목한 가정, 경제적 여유 등입니다. 하지만 인간이라는 존재는 그렇게 단순하지 않습니다. 영적 예배의 대상이신 하나님이 분명해지고, 자신이 누리는 자원을 나누어줄 수 있는 사랑과 봉사의 대상을 찾을 때, 의미 있는 인생 스토리가 계속 이어질 수 있습니다.

애도하지 못한 상실을 말하기

유명한 정신의학자 존 볼비는 찰스 다윈이 평생 앓았던 질병의 원인을 진단했습니다. 다윈은 오랫동안 심장 두근거림, 지각 이상, 피로, 현기증을 앓았는데, 볼비는 이것이 8세에 어머니를 잃었던 다윈의 "애도하지 못한 상실"(unmourned loss) 때문이라고 보았습니다. 그것은 다원이 어머니의 죽음에 대해 제대로 울며 슬퍼하거나 이야기할 기회를 전혀 갖지 못했다는 의미였습니다.

다원의 아버지는 성질이 급했고, 고모는 다원이 어머니의 죽음에 대해 이야기하는 것을 금지했습니다. 그 억압이 너무나 강해서 다원은 33세가 되어 아내를 잃은 친구를 위로하면서도 자신의 상실을 부인했습니다.

"이제껏 가까운 사람을 잃어본 적이 없어서 자네가 느끼는 슬픔이 얼마나 큰지 감히 상상도 할 수 없네."[33]

감정은 강물과 같아서 막으면 넘치게 됩니다. 특정한 감정을 억압하면 자기도 모르게 터져 나올 수 있습니다. 다원이 손녀와 단어 게임을 할 때, 손녀가 '어머니'(mother)라는 단어를 만들기 위해 알파벳 M을 더하는 것을 보았습니다. 그러자 다원은 갑자기 "세상에 'Mother'라는 단어는 없어!"라고 소리쳤습니다.

그는 어머니의 죽음과 아내의 거듭된 유산, 사랑하는 맏딸의 죽음 등으로 큰 슬픔을 겪었으나 그것을 제대로 슬퍼하거나 애도하지 못했습니다. 그리고 이렇게 막힌 애도는 그의 인간관계와 삶 전체에 영향을 미쳤습니다. 정신과의사였던 볼비는 '고통을 해결하는 가장 좋은 방법은 그것을 생각하지 않고, 가능하면 완전히 잊어버리는 것이다!'라는 다원 가문의 비현실적인 애도 방법을 간파했을 것입니다.

애도의 핵심은 잃은 사건에 대한 진술입니다. 자신의 상실과 남겨짐을 말할 수 있어야 두려움 없이 일상을 회복할 수 있습니다. 잃어버린 사람과의 관계에 대해 말하고, 죄책감이나 미안한 마음 등 부정적인 감정을 말해야 이별이 제대로 이루어진 것입니다. 비애의 진술이 지체될수록 지불해야 할 고통의 대가는 큽니다.

청년기에는 잃을 수 있는 것들이 많습니다. 사랑하는 사람들, 반려동물, 특히 이성 교제의 실패와 상실을 맞이할 수 있습니다. 이성 교제 실패의 이유 중 하나는 마음의 성벽을 쌓고 자존심과 비밀을 지키려는 이기심입니다. 좋은 모습만 보여주려 하고 힘든 이야기는 나누기를 두려워하면 진정한 친밀감은 불가능합니다. 배신과 실패의 뒤에 있는 자신의 아픈 성찰이 있어야 서사는 제 모양을 갖추게 됩니다.

청년의 애도 서사는 반드시 진술되어야 합니다. 예기치 못한 갑작스러운 상실일수록, 반복적인 실패와 관계의 상실일수록 그 실망과 슬픔은 표현되고 이해받아야 합니다. 여기에는 요나 선지자처럼 하나님에 대한 실망과 분노의 감정이 포함될 수도 있습니다.

자신의 심리적 고통을 개방하고 나누며 지지의 자원을 찾아 활용하는 사람은 외상 후 성장에도 빠르게 도달할 수 있습니다. 자기 서사 공개하기를 꺼리면 문제에 대한 소극적 회피로 인해 상실 후 성장에 이르기 어렵습니다.

상실의 슬픔은 충분히 표현되어야 합니다. 특히 감정이 분출되는 시기에는 분노와 슬픔과 두려움의 감정을 적절하게 말하거나 슬퍼하며 배출할 수 있어야 합니다. 트라우마의 아픔을 겪는 사람에게는 안전한 이야기의 환경이 필요합니다. 만일 자신의 불만과 분노가 수용된다고 느끼는 경우 그의 환경은 충격으로 작용하지 않습니다.[34] 애도 가운데 일상 관계의 어려움이나 환경적 결핍을 제대로 통제할 수 없다고 해도 누군가가 보호해 주고 지지해 준다면 거기에는 성장과 변화가 나타날 수 있습니다. 그곳에서 자기 고통을 충분히 이야기하고 공감받을 때, 진정한 치유가 시작됩니다.

새로운 이야기를 위한 준비물

삶의 어두운 시간을 지나며 새로운 서사를 써나가려는 청년들에게, 이 여정에 필요한 준비물은 우리가 흔히 생각하는 것과 다를 수 있습니다. 경험의 부족이 오히려 자산이 되고, 내일을 향한 담대한 공격이 승리를 가져오며, 떠나는 용기와 보내는 담력이 성장의 발판이 됩니다. 앞으로 살펴볼 '고스팅'의 아픔, '디토 소비'의 유혹, '이불킥'의 고통을 지나며, 우리는 변화를 선택하는 용기를 배우게 됩니다. 청년의 새로운 이야기를 시작하기 위한 실제적인 도구들을 잘 활용하시기 바랍니다.

청년의 경험 없음은 부채가 아니라 자산이다

경험이 적은 청년기의 장점은 실수가 이해된다는 것과 두려움 없이 새로운 시도를 할 수 있다는 것입니다. 어떤 것이든 꿈꾸고 생각한 대로 시도해 볼 수 있기에, 경험이 적은 것은 손실이 아니라 이익입니다. 반대로 많은 경험이 오히려 상황을 심각하게 그르치는 사례가 역사에서 종종 목격됩니다.

타이타닉호의 에드워드 스미스 선장은 당시 가장 유능한 베테랑 선장이었습니다. 그는 영국 출신으로 어릴 때부터 항해에 익숙했고, 뉴욕과 호주를 오가며 수십 년간 바다를 누빈 경험이 있었습니다. 아이러니하게도 타이타닉호가 침몰한 원인이 바로 그의 '경험'이었습니다. 배가 빙산과 충돌하기 전, 그는 "전방에 빙산이 있다. 주의하라"는 내용의 전보를 손에 쥐고 있었습니다. 하지만 개의치 않았습니다. 경험과 배를 과신한 그는 오히려 새 배의 엔진 전부를 가동하여 최고 속도로 항해하라고 지시했습니다. 누군가 빙산이 걱정되어 물었을 때 그의 대답은 확신에 차 있었습니다.

"이런 시기에 빙산은 흔합니다. 제가 여러 번 항해를 해보아서 이 바다를 잘 압니다."

2,224명의 선원과 승객 중 1,500여 명이 목숨을 잃은 이 비극은 스미스 선장의 과도한 경험에서 온 잘못된 판단이 주요 원인이었습니다. 경험이 지혜의 창고이기는 하지만, 때로 새로운 상황이나 위험을 전혀 보지 못하게 만듭니다.

경험은 두 가지 역기능을 가지고 있습니다. 첫째, 가능한 일들을 얕보게 하고, 둘째, 힘든 일을 두려워하고 회피하게 합니다. 잘된 경험은 교만하게 하고, 잘못된 경험은 절망하게 합니다. 새로운 도전을 포기하고 변화를 거부하게 만듭니다. 그러므로 청년들은 경험이 적다고 좌절하지 말아야 합니다. 배운 원칙을 지키고, 이성적이고 상식적으로 판단하면 됩니다. 지혜로운 사람들의 조언에 귀 기울이고, 새로운 것을 배울 기회가 있다면 절대 놓치지 마세요. 당장의 금전적 수익보다 배우고 도전할 기회를 찾는다면, '경험 없음'이 오히려 인생의 큰 자산이 될 것입니다.

엄마와의 우울한 동반되새김(co-rumination)으로 대학을 포기하려던 청년이 있었습니다. 아빠는 재혼하여 떠났고, 엄마는 혼자 두 자녀를 돌보며 식당일을 했습니다. 아직 경험해보지 못한 대학 학비에 대해 경제적 부담이 컸습니다. 그래서 엄마는 자녀들에게 힘들다고 토로했고, 청년 딸은 엄마의 바람대로 미래를 포기했습니다. 저는 두 모녀를 불러 다짐을 받았습니다. 딸은 힘들어도 재수를 하고, 엄마는 어려워도 대학에 보내기로요.

1년 후, 합격 소식이 들렸습니다. 그토록 걱정하던 학자금은 아버지의 회사에서 나왔고, 딸은 열심히 공부해서 장학금도 받았습니다. 가보지 않은 길은 두렵고, 경험 없는 사건은 위축감을 줍니다. 하지만 없는 경험에서 비롯된 용기가 오히려 큰 보상을 가져옵니다. 청년에게 경험이 없는 것은 부채가 아닌 자산입니다.

수비만 잘해서 이기는 팀은 없다

이사야 37장의 고대 앗시리아 왕도 마찬가지였습니다. 그는 다른 신들을 정복한 승리의 경험에 취해 하나님을 의지하는 히스기야와 이스라엘을 조롱했습니다.

> 내 조상들이 멸하신 열방 고산과 하란과 레셉과 및 들라살에 있는 에덴 자손을 그 나라들의 신들이 건졌더냐(사 37:12).

하지만 승리의 경험에 갇혀 완고해진 그는 결국 여호와의 사자에게 18만 5천 명의 군사를 잃고 자신도 두 아들의 손에 암살당했습니다. 경험에 갇히면 완고하여 무너지고, 경험이 없다고 두려워하여 행동하지 않으면 인생에서 얻을 수 있는 것은 아무것도 없습니다.

저는 중고등학생 때 지독한 가난 속에 살았습니다. 대학 때 잠시 형편이 나아지는가 했더니 부모님이 사기를 당해 가난이 평생의 유산이 되었습니다. 그런데도 저에게는 유학의 꿈이 있었습니다. 집안 누구도 달가워하지 않았고, 모두 어른의 관점에서만 말했습니다. "네가 유학을 가면 부모님은 누가 돌볼 거냐?", "그냥 평범하게 살면 되지, 너만 잘살려고 가는 거냐?"라는 이야기였습니다.

하지만 저는 뒤돌아보지 않았습니다. IMF 당시 환율이 1달러에 1,800원으로 치솟았어도 꿈은 꺾이지 않았습니다. 어떤 교수님은 "야, 하재성, 너 믿음 좋다"라고 하셨지만, 사실 유학은 믿음이 좋아서가 아니라 '몰랐기 때문에' 갈 수 있었습니다. 어떤 일을 겪게 될지, 어떤 어려움을 맞이할지 몰랐기에 떠났던 것입니다. 학비와 생활비 걱정, 가난 때문에 상하는 자존심, 아이가 다쳐 응급실에 갔다가 받은 수천 달러의 청구서… 이런 것들을 미리 알았다면 가지 못했을 것입니다. 돌이켜보니 지를 돈이 없어서 인생을 질렀습니다.

하지만 힘든 일만 있었던 것은 아닙니다. 생활비가 막막할 때 사역할 교회들을 바로 만났고, 비싼 학교였지만 박사과정에서 전액 장학금을 받았습니다. 좋은 사람들의 사랑이 끊이지 않아 먹을 음식이 떨어진 적이 없었습니다.

경험에 매이면 나이가 들수록 두려움만 커지거나, 반대로 세상을 만만하게 봅니다. 하지만 누군가의 말처럼 그것은 내가 세상을 차지했기 때문이 아니라 세상이 나를 차지했기 때문입니다. 진짜 두려워해야 할 것은 바로 그것입니다.

세상은 언제나 수비를 원합니다. 안정감이 있기 때문입니다. 하지만 수비만 잘해서 이기는 팀은 없습니다. 축구도, 테니스도, 꿈도, 희망도, 공격하지 않으면 얻을 것도 지킬 것도 없습니다. 예수님의 말씀처럼 천국도 침노하는 자가 빼앗습니다(마 11:12). 만약 다시 그 시절로 돌아간다면 저는 똑같이 유학의 길을 선택할 것입니다.

떠나는 용기, 보내는 담력

심리학자 프로이트의 딸 안나 프로이트는 이해하기 힘든 주장을 했습니다. 가족 간의 화목이 청년의 발달을 저해한다는 것이었습니다. 하지만 실제 연구는 다른 결과를 보여줍니다. 화목한 가정의 청년들이 오히려 건강한 독립을 이루며, 부모와의 격한 갈등은 5-10%에 불과합니다. 아마도 안나 프로이트는 자신과 아버지의 갈등을 일반화했던 것 같습니다.

유학 시절 함께 주일학교 교사로 섬겼던 한 청년 자매가 뉴욕 도이치뱅크에 취직했습니다. 부모가 이혼하여 엄마와 같이 살면서 어렵게 공부를 마친 신실한 청년이었습니다. 어머니는 혼자서 가정을 꾸려가고 있었고, 이혼한 아버지는 장애까지 있어서 멀리 떠나기가 주저되는 상황이었습니다. 저는 그 자매에게 믿음으로 떠나라고 조언했습니다.

"뉴욕으로 가세요. 어머니의 일은 어머니가 합니다. 아버지도 하나님께서 돌보실 것입니다. 자녀가 독립해서 당당하게 살아가는 모습을 보여주는 것이 부모님께는 더 자랑스러운 일입니다. 그것이 부모님의 사명이기도 합니다."

최근 한국에서 부모와 동거하는 청년 비율은 57.5%입니다. 높은 생활비 때문에 서로 이해하며 살아가지만, 이들 중 75%는 결혼 계획을 가지고 있습니다.[35] 어떤 형편이든 떠나는 것은 용기가 필요합니다. 때로는 나이 든 부모님의 필요로 자녀를 곁에 두는 경우도 있습니다. 하지만 부모가 할 일은 자녀를 세상으로 보내는 것입니다. 청년 자녀는 부모를 사랑하며 섬기되, 정서적으로 경제적으로 독립하여 하나님 나라를 위한 자기 자리를 찾아야 합니다.

부모를 떠나지 못하는 이유 중에는 유산 문제도 있습니다. '지금 유산을 받을 수 있다면?' 이런 상상은 청년의 생애 전환점이 될 수 있습니다. 어떤 부모는 재산 때문에 자녀들이 부모의 죽음을 바라지 않을까 두려워합니다. 그럴수록 청년은 부모의 둥지를 떠나 세상을 경험해야 합니다. 이것은 자녀를 억지로 떼어놓으려는 것이 아니라 도전이 많은 세상에 홀로 설 수 있도록 성장기 못지않게 함께 지탱해 주어야 할 과정이기 때문입니다.

그 과정에서 자칫 염려와 두려움이 많은 청년에게 함부로 말하지 않도록 주의가 필요합니다.

"이렇게 연약해서 어떻게 살래? 딴 애들은 다 혼자 잘 사는데……."

"네가 알아서 해야지. 네가 도대체 나이가 몇 살이냐?"

이런 말들은 청년을 더욱 위축시킬 뿐입니다.

집을 떠나는 20대 자녀들에게는 지속적인 정서적 지지가 필요합니다. 한마디의 말이 아니라, 계속 관심 있게 지켜보겠다는 약속이 필요합니다.

"안심하고 열심히 해보자."
"무슨 일이 있어도 엄마 아빠는 네 편이니까 담대하게 도전해 보자!"

참새도 새끼가 둥지를 떠날 때, 스스로 사냥할 수 있을 때까지 계속 먹이를 물어다 줍니다. 조금씩 날 수 있지만 아직 혼자 사냥하기에는 이르기 때문입니다. 청년 자녀들에게도 여전히 이런 지지가 필요합니다.

고스팅(ghosting) 극복하기

고스트는 유령입니다. 고스팅은 유령처럼 흔적도 없이 사라지는 것으로, 사귀던 사람이 어느 순간 답장도 없이 사라져버리는 경우를 뜻합니다. 온라인 시대에 고스팅은 흔한 일이 되었습니다.

"오늘 데이트 너무 좋았어. 우리 언제 또 만날까?"

이미 한 달 전에 보낸 메시지인데 그는 확인만 하고 답이 없습니다. 아무 말이 없어서 '고스팅'이지만, 그 자체는 매우 공격적인 메시지를 던집니다.

"난 너한테 관심 1도 없어. 연락하지 마!"

심리학자들은 고스팅을 수동-공격으로 분류합니다. 직접 공격하지 않으면서도 간접적으로 상대를 기분 나쁘게 만드는 것입니다. 빈정거리거나 비꼬는 것, 가해자 자신이 마치 피해자인 것처럼 행동하는 것도 수동-공격의 일종입니다. 고스팅은 부담스러운 인간관계를 끝내려는 사람의 미성숙한 처세법입니다. 책임 있게 현실을 받아들이기보다 눈앞에서 갑자기 사라지면서 인사와 이유를 생략하는 것입니다. 거절 메시지를 보내는 것이 예의지만 힘들어할 상대방을 마주하기가 부담스럽습니다. 그래서 현실을 힘겹게 다루기보다 소식을 끊고 잠수를 타는 쉬운 선택을 합니다.

하지만 고스팅을 당하는 사람은 생각하지 못한 무가치감으로 고통 받습니다.

'문자를 읽고 답도 안 하네.'

'내가 또 차인 건가? 답도 안 할 정도라면……'

고스팅을 당한 사람은 자존감이 매우 낮아집니다. 이들에게는 누군가의 조건 없는 환대가 필요합니다. 상대방의 무책임한 고스팅 행위는 자신의 잘못이 아닙니다. 대화하던 상대로부터 한동안 응답이 없을 때는 관계 정리가 필요합니다. 막연히 기다리며 슬퍼하기보다 어느 시점을 정해 먼저 관계를 마무리하는 것이 도움이 됩니다.

"요즘 연락을 안 하네. 무슨 일이 있는지 모르겠지만 나도 이런 상태로는 관계를 계속하기 어려워. 내 시간도 소중한데 마냥 기다릴 수는 없잖아. 잘 지내길 바란다!"[36]

정직이 최상의 정책입니다. 우리도 관계를 정리할 때는 솔직하게 말하고 단호하게 끝내는 것이 필요합니다. 다만 예외적으로 고스팅이 필요할 때도 있는데, 개인적으로 위험을 느끼거나 위협을 당하는 경우에는 고스팅이 자기 보호의 도구가 될 수 있기 때문입니다. 데이트 상대가 알고 보니 기혼자였거나 애인이 있는 사람인 경우, 설명 없이 관계를 끊는 것이 오히려 현명할 수 있습니다. 이런 때는 "단호한 엔딩"이 필요합니다. 두말할 여지 없이 관계를 즉시 종결해야 합니다.

디토(Ditto) 소비 거절하기

디토는 "나도 마찬가지!"라는 뜻의 라틴어입니다. 현대 MZ세대의 소비를 디토 소비라고 부릅니다. 탕후루에서 두바이 초콜릿으로, 또 새로운 디저트로 이어지고 있는 소비 트렌드는 대부분 인플루언서들이 주도합니다. MZ세대의 77.5%가 인플루언서들의 영향을 받고, 10명 중 7명이 그들이 추천하는 제품을 구매한다고 합니다.[37]

디토 소비의 장점은 '편리함'입니다. 선택의 홍수 속에서 영향력 있는 사람들의 힌트가 스트레스를 해소해 주고, '나도 먹어봤다'라는 콘텐츠로 소속감을 표현할 수 있습니다. 이는 자기 취향을 따르는 뜻이지만 동시에 유행을 따라간다는 뜻입니다. 청년 세대가 초개인주의적이고 자기 참여를 중요하게 여기면서도 동시에 온라인 커뮤니티에서 소외되는 것을 두려워한다는 역설을 보여줍니다. 그것이 '남들이 하는 것을 똑같이 소비하고 싶다'라는 욕구에서 오는 동조소비라면 오히려 자기 결핍의 현상이기도 합니다.

트렌드 소비는 예전부터 있었습니다. 1930년대 대공황 시절에도 사람들은 먹을 것이 없으면서도 '보니와 클라이드'라는 강도들의 스타일을 따라 했습니다. MZ의 부모 세대에도 복장, 음식, 음악 등 유행은 있었고, 유행이 선택을 쉽게 해주고 집단의 동질감을 높여주었습니다.

흥미로운 것은 청년들이 자기 선택과 참여를 중시하면서도 타인의 다양성을 존중하는 너그러움을 가졌다는 점입니다. 지구와 환경을 생각하는 배려, 재활용품을 사용한 의류 구입, 어려운 이웃을 돕는 기업 제품 구매 등 '가치 소비'의 모습도 보입니다. 자신이 추구하는 가치가 무엇인가를 말하는 것을 당당한 표현과 권리로 여깁니다.

그러나 다른 어떤 트렌드를 소비하지 않아도 그 자체로 소중한 청년 자신의 가치를 꼭 기억했으면 좋겠습니다. 하나님의 시선은 세상과 다릅니다. 하나님은 청년 한 사람을 주목하시고, 그를 천하와도 바꾸지 않겠다고 말씀하십니다. 그 한 사람을 살리려고 영원부터 자기 품속에 계셨던 사랑하는 아들을 주셨기 때문입니다. 청년 한 사람의 영원하고 참된 가치는 바로 예수님이 지불하신 생명의 값만큼 귀중합니다.

이불킥의 고통 떨쳐내기

오늘도 청년 E양은 침대에 누워 이불을 연신 발로 찹니다.

"아, 내가 무슨 짓을 저지른 거야. 왜 그때 그런 말을 했지?"

얼굴이 화끈거리고 손이 오그라듭니다. 오늘 있었던 사건이 주마등처럼 지나가자 자기도 모르게 "끄응" 하는 소리가 터져 나옵니다.

그만 자야 내일 출근할 수 있을 텐데, 그 끔찍했던 순간이 찬물이 되어 얼굴을 덮치고 잠을 깨웁니다. 이러한 '이불킥'의 순간은 감정이 최고조가 된 상태입니다. 객관적인 이성은 꺼지고 감성만 말똥말똥 깨어서 온갖 당황스러운 기억들을 소환합니다.

청소년기를 막 벗어난 청년들이 갑자기 제도화된 사회에 노출되면서 이런 일이 자주 일어납니다. 사소한 실수에 매달려 낭패감, 수치심, 굴욕감 등이 수시로 끓어오릅니다. 태양이 수평선 위로 솟아오르듯 청년기는 해오름의 시간입니다. 수시로 감정 에너지가 심하게 낭비되기 때문에 많은 에너지가 필요합니다. 어떻게 이런 플래시백을 떨쳐낼 수 있을까요? 몇 가지 실제적인 제안들이 있습니다.

첫째, 재빨리 현실로 돌아오는 것입니다. 지금 가장 가까운 현실을 감각하세요. 이불을 만져보고, 베개 향을 맡아보세요. 오늘 있었던 일은 이미 과거일 뿐입니다. 굴욕감은 혼자만의 상상에 불과합니다.

둘째, 전체 상황을 훑어보는 것입니다. 사건의 한 부분만 생각하지 말고 전체 맥락을 보세요. 일부분을 회피할수록 기억은 더 짙어지고 감정은 오래갑니다. 전체 상황에서 보면 대단한 문제가 아닐 수 있습니다.

셋째, 자신에게 직설적으로 말하세요. 마치 친구에게 씁쓸하게 말을 걸듯이 "이봐, 친구! 도대체 그게 무슨 좋은 일이라고 비참한 옛날 기억을 떠올리는 거야?"라고 해보세요.

넷째, 유머를 찾으세요. 그 사건이 아니라 그 상황에서 웃을 수 있는 이유를 한 가지만 발견하면, 다른 사람들도 더는 그 일로 놀리거나 시비를 걸지 않을 것입니다.

다섯째, 타인의 무관심을 기억하세요. 인간의 뇌에는 10억 개의 뉴런이 있고, 부정적 기억을 소멸시키는 기억 소멸(memory extinction) 기능이 작동합니다. 뇌는 사소한 것은 쉽게 잊어버리고 자기 관심사를 더 많이 저장합니다. 그러니 다른 사람의 창피한 사건은 며칠 가지 않습니다. 누가 내 창피함을 굳이 기억하며 고소해하겠습니까?

여섯째, 새로운 기억으로 덮어쓰세요. 새 문서가 이전 문서를 덮어쓰듯, 인간의 기억도 새로운 내용을 덧붙여 집중하면 뒤집어쓸 수 있습니다.[38]

수치심과 창피함을 강하게 느낄수록 같은 실수를 반복할 가능성은 적습니다. 이불킥은 청년의 학습 도구이며 예방주사입니다. 아직 '망하지' 않았습니다. 그 순간을 견뎌냈다면 충분합니다. 실수는 누구나 하고, 청년기 실수는 다반사입니다. 실수를 반복하지 않으려 노력한다면 당신은 성장한 어른이며 멋진 청년입니다.

적극적으로 도움을 요청하기

상담에서 '투사적 동일시'라는 개념이 있습니다. 내가 누군가를 힘들게 해서 화를 내게 만들어놓고, 정작 상대가 화를 내면 내가 힘들게 했던 사실은 까맣게 잊어버리는 것입니다. 그러고는 쉽게 상대를 단정 짓습니다.

"거 봐, 당신은 역시 날 싫어해!"
"당신도 딴 사람들처럼 나를 도와줄 수 없는 사람이야. 맞잖아!"

대체로 어린 시절 심한 학대나 방임을 겪은 사람들이 청년기에 이런 성격장애를 앓습니다. 부모가 일관성 없이 반응하거나 예측 불가능하게 양육했다면 자녀들에게 성격장애가 찾아올 수 있습니다. 우울증을 유발하는 DNA는 없지만 부모가 우울했다면 자녀들도 우울증이나 성격장애를 앓을 가능성이 높습니다.

성격장애가 있는 청년은 감정 기복이 심하고 충동성이 강합니다. 행동이나 생각을 예측하기 어렵고, 자살 가능성도 있습니다. 특히 감정이 다운될 때 청년은 다른 사람의 말이나 행동, 심지어 문자까지도 자신을 공격하는 것처럼 느낍니다. 언제나 다른 사람의 의도를 의심하며 날카로워집니다. 그 결과 인간관계는 불편해지고, 누군가가 자신의 이야기를 조금만 해도 엄청 화를 내게 되지요.

중요한 것은 부정적 감정이 지배할 때 자신을 객관화하는 능력입니다. 감정에 이끌리기보다 이성의 이끌림을 받아야 합니다. 감정의 노예가 되지 말고 감정을 다스려야 합니다. 기복은 있겠지만 무너지지 않도록 감정을 지킬 수 있다면 머지않아 좋아진다는 믿음을 가져야 합니다.

그런 자신의 모습을 불안해하거나 당연하게 여기지 말고, 담대하게 도움을 요청하시기 바랍니다. 마음을 이해하고 안정시키며 공감해 줄 수 있는 사람을 만나면 위험한 증상들이 완화될 수 있습니다. 평생 살

얼음 같은 인간관계를 유지하며 살 수는 없습니다. 침체되어 있거나 충동적인 성격을 좋아하며 오래 참는 사람은 없습니다. 치료를 받고 상담을 받는 것도 용기입니다. 그것이야말로 자신의 이야기를 새로 쓰는 용기 있는 변화의 행동입니다.

> **이야기 요약**

어둠을 뚫고 이야기하는 실질적인 방법들

아픈 이야기들과 사단의 전략을 살펴본 뒤에는 이제 어둠의 터널을 통과해야만 한다. 도움이 되는 구체적인 방법들로는 첫째, 비난의 함정에서 벗어나 하나님의 방식으로 기억하기. 둘째, 스토리텔링을 시작하기(트라우마 말하기, 애도하지 못한 상실을 말하기). 셋째, 새로운 시작을 위한 준비물 챙기기(부모로부터 정서적, 경제적으로 독립하기, 고스팅 극복하기, 디토 소비 거부하기, 이불킥의 고통 벗어나기 등). 새로운 서사를 써나가기 위한 변화의 준비물을 갖추고 적극적으로 행동하라.

서사 노트 우울증에 도움이 되는 방법들

우리를 어둠으로 끌고가는 우울증은 치료가 가능하며, 개인마다 효과적인 치료법이 다를 수 있습니다. 여러 방법을 시도해 보고 자신에게 맞는 방법을 찾는 것이 중요합니다. 무엇보다 혼자 극복하려 하지 말고 주변에 도움을 적극적으로 요청하세요.

일상생활에서 할 수 있는 방법

생활습관 관리

- 규칙적인 수면 패턴 유지하기: 매일 같은 시간에 자고 일어나며 수면의 질을 높이세요.
- 균형 잡힌 식사하기: 영양가 있는 음식을 정기적으로 섭취하고 카페인, 알코올, 가공식품은 줄이세요.
- 규칙적인 운동하기: 주 3-5회, 30분 이상의 중강도 운동은 세로토닌과 엔도르핀 분비를 촉진합니다.
- 햇빛 쬐기: 매일 15-30분 자연광을 쬐면 세로토닌 생성에 도움이 됩니다.

정신건강 관리

- 마음 챙김: 하루 5-10분의 몸의 이완과 깊은 호흡은 스트레스 감소에 효과적입니다.
- 감사 일기 쓰기: 매일 감사한 일 세 가지를 적으며 긍정적인 마음가짐을 길러보세요.
- 부정적 생각 인식하고 도전하기: 자동적인 부정적 사고를 알아차리고 대안적 생각으로 바꿔보세요.
- 자기 돌봄 시간 확보: 즐거움을 주는 활동을 의도적으로 계획하고 실행하세요.

사회적 연결

- 사회적 고립 피하기: 친구, 가족과 정기적으로 연락하고 만남을 유지하세요.
- 마음을 나눌 수 있는 사람 찾기: 신뢰할 수 있는 사람에게 자신의 감정을 표현하세요.
- 봉사활동 참여하기: 다른 사람을 돕는 일은 자존감과 목적의식을 높입니다.
- 지지 그룹 참여하기: 비슷한 경험을 가진 사람들과의 모임은 큰 위로가 됩니다.

청년의 우울증 도움 방법

학업/직장 스트레스 관리

- 완벽주의 내려놓기: 모든 것을 완벽하게 해내려는 압박감을 줄이고 '충분히 좋은' 상태임을 인정하세요.
- 진로 탐색 기회 늘리기: 다양한 인턴십, 봉사활동, 현장 체험을 통해 관심 분야를 탐색하세요.
- 작은 목표 설정하기: 큰 과제를 작은 단계로 나누어 성취감을 자주 경험하세요.
- 휴식 시간 확보하기: 공부나 일 중간에 짧은 휴식을 취하면 생산성이 오히려 향상됩니다.
- 경제 개념 갖추기: 예산 계획을 세워서 체계적으로 관리하고, 경제 교육을 받거나 지원 제도를 활용할 수 있습니다.

디지털 웰빙

- 소셜미디어 사용 제한: 하루 중 특정 시간대에만 소셜미디어를 사용하세요.
- 비교하지 않기: 타인의 SNS는 현실의 일부만 보여준다는 것을 인식하세요.
- 디지털 디톡스 시간 갖기: 주 1회 이상 디지털 기기 사용을 중단하는 시간을 만드세요.
- 수면 전 블루라이트 차단: 취침 1-2시간 전부터는 스마트폰 사용을 줄이세요.

전문적 치료 방법

심리/약물 치료

- 인지행동치료(CBT): 부정적 사고 패턴을 인식하고 변화시키는 치료법입니다.
- 대인관계치료(IPT): 대인관계 문제를 해결하여 우울증 증상을 개선합니다.
- 마음 챙김 기반 인지치료(MBCT): 명상과 인지치료를 결합한 방법으로 재발 방지에 효과적입니다.
- 수용전념치료(ACT): 부정적 감정을 회피하지 않고 수용하며 가치 있는 행동에 집중합니다.
- 항우울제: 세로토닌 조절 등을 통해 우울 증상을 완화합니다(SSRI, SNRI 등).
- 운동치료: 전문가 지도 아래 진행되는 구조화된 운동 프로그램입니다.

청년 특화 지원 서비스

- 청년심리지원사업: 많은 지자체에서 청년 대상 무료/저가 상담 서비스를 제공합니다.
- 대학 상담센터: 대학생의 경우 교내 상담센터를 이용할 수 있습니다.
- 청년 정신건강 프로그램: 청년 맞춤형 집단 프로그램에 참여해 보세요.
- 온라인 상담 서비스: 시간과 장소에 구애받지 않는 디지털 상담 서비스도 있습니다.

"만일 그분이 당신의 이야기에 들어오신다면
그분은 당신을 최고의 주인공으로
만들어주실 것이다."

5

옮겨가라:
하나님이 주시는 새로운 이야기

새 이야기꾼을 만나다

청년들은 '멋진 직장인'으로서의 자아정체성만 추구하지 않습니다. 경제적 이익만 추구하는 물질주의자들도 아닙니다. 청년들은 의식적으로, 진리를 추구하는 대화에 계속 참여합니다.[39] 그들의 관심사는 개인의 행복을 넘어 공정하고 공평한 이야기, 사회기관적 자아(institutional self)를 넘은 영적 자아로서 궁극적 가치인 진리를 추구합니다.

최고의 가치가 최고의 보상을 줍니다. 청년들의 영적 자아의 종착점은 이미 정해졌습니다. 바로 유일한 진리인 예수님입니다. 예수님은 스스로 길이요, 진리요, 생명이라고 하셨습니다(요 14:6). 다른 진리는 없습니다. 청년은 예수님을 만날 때 진리를 얻게 됩니다. 예수님은 청년 각자를 찾아와서 유일한 진리가 되셨습니다. 이제 터널을 통과한 우리는 새 이야기꾼의 주소로 옮겨가게 됩니다. 그분은 진정한 이야기꾼이시자, 우리의 이야기를 영원한, 최상의 것으로 바꿔주실 분이십니다.

우리의 결말은 이미 기록돼있다

이야기의 결말은 정해져있습니다. 그것은 승리의 이야기이고 지금보다 모든 것이 점점 더 확실하게 좋아진다는 해피엔딩입니다.

고생 끝의 꽃길을 말하는 것이 아닙니다. 어떤 수고와 고생이 있어도 그 모든 결말은 선하신 하나님의 주권 아래 이전보다 훨씬 더 좋을 것이라는 뜻입니다. 이것은 사기꾼의 허세가 아니라 성경의 약속입니다. 조건은 한 가지입니다. 바로 여러분의 영혼의 주소를 이사하는 것입니다. 현재 사는 세상의 주소에서 새로운 영혼의 주소, 즉 우리의 이야기를 안내하는 새로운 이야기꾼의 주소로 옮겨가야 합니다.

때로 청년의 삶은 상상 이상으로 외롭고 고달플 수 있습니다. 하지만 두려워하지 않을 이유가 있습니다. 그분의 주소로 옮기면 내 삶의 이야기를 혼자 써가지 않아도 되기 때문입니다.

예수님은 당신을 가장 빛나는 인생의 주인공으로 만들어주실 이야기꾼이십니다. 그분은 이미 자신의 이야기를 가장 완전하게 종결지으셨습니다. 30대 초반에 십자가에서 죽었지만 다시 살아나셨고, 이제는 죽는 자들을 살리십니다. 그분이야말로 우리 청년들의 결말을 가장 아름답게 써주실 분입니다.

우리의 이야기에 들어오신 예수님

청년 각자에게 들어오기 위해 그분은 먼저 인류 역사에 들어오셨습니다. 청년들의 이야기에 그분의 존재 자체가 '말씀'이었고 이야기였습니다. 예수님은 영원한 생명의 이야기를 우리의 이야기가 되게 하시기 위해 세상에 오셨습니다. 그래서 우리는 그분을 생명이라, 빛이라 부릅니다. 그분의 존재와 세상에서의 삶의 이야기가 생명을 살리는 빛입니다.

한번은 예수님이 청년의 장례식을 마주하신 적이 있었습니다. 그 청년은 독자였고, 어머니는 과부였습니다. 다산을 축복으로 여겼던 시대에 독자라는 것은 아버지가 자녀를 한 명만 낳고 세상을 떠났다는 뜻일 겁니다. 예수님이 과부 어머니를 보았을 때 그녀는 하염없이 울고 있었습니다. 아마 남편이 일찍 세상을 떠났을 때는 어린 아들을 부둥켜안고 울었겠지요. 혼자 사는 설움이 커질 때마다 사랑스러운 아들의 얼굴을 보며 위로받았을 것입니다. 무럭무럭 자라는 아들을 보며 외로움도, 사람들의 홀대도 잊을 수 있었겠지요. 그런데 어느 날, 청천벽력 같은 소식이 들렸습니다.

"아주머니, 큰일 났어요. 아드님이 죽었어요!"

병이든 사고든, 무슨 차이가 있었겠습니까? 청년 아들의 인생이 끝났는데 말입니다. 앞으로 써가야 할 아들의 결혼 이야기, 손자 손녀 이야기, 함께 늙어가는 이야기가 모두 사라졌습니다.

그렇게 이야기가 단절된 현장에 말씀이신 예수님이 오셨습니다. 그리고 끊어진 이야기를 이어주셨습니다.

"울지 말라!"

짧지만 이 말에는 그분의 심장이 담겨있었습니다.

> 주께서 과부를 보시고 불쌍히 여기사 울지 말라 하시고(눅 7:13).

예수님은 이 청년과 어머니의 이야기에 참여해 들어가셨습니다. 긍휼 때문에 당장 손을 내밀어 관을 만지셨습니다. 전통 예법에 따르면 죽은 자의 물건을 만지는 것은 부정한 일이었지만, 그분이 관을 만지시자 죽음의 관이 부활의 침대가 되었습니다.

> 청년아 내가 네게 말하노니 일어나라(눅 7:14).

그분의 말씀에는 힘이 있습니다. 처음부터 말씀이셨고, 말씀으로 천지를 창조하셨으며, 말씀이 육신이 되셨기 때문입니다. 죽었던 청년이 일어나 앉고 말도 했습니다. 예수님은 그 청년을 어머니 품에 돌려주셨습니다. 예수님이 울지 말라고 하신 것은 상실의 슬픔을 달래는 말이 아닌 죽은 아들을 되돌려주며 하신 위로의 말이었습니다.

당신의 이야기에도 예수님이 찾아오셔서 최악의 절망과 슬픔에서 놀라움과 기쁨으로 이야기를 바꾸어주실 것입니다. 세상에서 지치고 상한 당신을 최고의 주인공으로 만들어주실 것입니다. 그분은 기꺼이 당신의 조연이 되셨을 뿐 아니라, 당신을 살리려 대신 그 자리에서 죽어주셨습니다. 이유는 하나입니다. 그분은 당신을 사랑하시고, 당신이 죽지 않고 살기를 원하시기 때문입니다.

예수님은 당신의 이야기가 세상에 매몰되어 소멸되지 않고, 그분의 이야기와 합하여 영원히 계속되기를 원하십니다. 이야기의 결말은 이미 결정되었습니다. 예수님이 당신을 위해 죽으시고 사흘 만에 다시 살아나신 부활의 이야기를 믿기만 한다면, 그분의 이야기는 당신의 이야기가 되고, 당신의 이야기는 영원히 계속될 것입니다. 찬양 중에 이런 가사가 있습니다.

"이야기의 결말은 이미 기록되었습니다!"(The end is written!)

해피엔딩은 언제 봐도 통쾌하고 즐겁습니다. 예수님 안에 있는 여러분의 이야기는 지금은 결말을 예상할 수 없을지라도 분명히 해피엔딩이 될 것입니다. 두려움 없이 그분의 이야기로 들어오세요.

하나님의 영원한 이야기에 통합되기

청년 서사의 최고의 변혁은 자신의 내러티브를 신의 내러티브와 통합하는 것입니다. 이것은 생각보다 어렵지 않은 과제일 수 있습니다. 자신의 출생을 생각하며 '내가 태어난 것은 내 소망이나 의지가 아니라, 인간 위의 더 큰 의지와 계획에 의한 것'임을 인정하는 것입니다.

1초에 총알이 날아가는 속도의 30배인 29.8km의 속도로 우주 공간을 날아가면서도, 지구는 소음이나 흔들림 없이 수천 년간 태양 주위를 돕니다. 이것을 우연이라고 말하는 것은 어리석습니다. 속도가 느려져서 태양에 빨려들지도, 속도가 빨라져서 우주를 배회하지도 않습니다. 하루 24시간, 1년 365일, 사계절이 뚜렷한 것은 인간이 기획하거나 유지하는 게 아닙니다. 우리가 지금 여기 생존하는 것 자체가 기적, 아니 선하고 전능한 손이 우리를 보호하신 결과입니다.

서사의 통합은 존재의 통합이며 운명의 통합입니다. 만일 평범한 청년의 일상이 '기독교적 스토리를 재연하는 것'으로 보일 때, 그것은 새로운 정합성을 얻습니다.[40] 실패와 좌절을 경험한 청년이 하나님을 의지하며 소망을 얻는 것은 통합된 서사를 가진 사람의 고백입니다. 다윗 역시 하나님께 아픔을 토했던 통합된 서사의 사람입니다.

> 내 하나님이여 내 하나님이여 어찌 나를 버리셨나이까 어찌 나를 멀리하여 돕지 아니하시오며 내 신음 소리를 듣지 아니하시나이까(시 22:1).

기독교 이야기를 규범으로 삼은 사람은 일상의 삶 자체가 하나님의 내러티브와 인간의 내러티브 사이에 존재하고 있습니다. 서사가 통합된 청년은 더 강한 소속감으로 세상에서 예수님의 제자로 살게 됩니다. 자신의 이야기를 신앙 전통의 이야기와 관련하여 이해하게 됩니다. 그러다 보니 자기 존재의 근원과 결말뿐 아니라 생애 모든 디테일에 전능자의 선한 계획이 있음을 인정합니다. 그런 청년은 하나님의 이야기와 맞지 않는 요소들을 거절합니다. 도덕적으로 옳지 않은 것들을 거절하고, 거룩함과 일관성이 없는 습관들을 버립니다. 상처받고 실망해도 이야기의 신적 일관성을 지키는 데 헌신합니다.

하나님 이야기와 하나로 엮이기

구약성경의 청년 요셉은 17세에 형들의 미움을 사고 노예로 팔려간 야곱의 열한 번째 아들이었습니다. 그의 청년기는 천국과 지옥을 오가는 부적응의 시기였습니다. 부모의 사랑을 받았지만 동생을 낳다가 어머니가 죽었고, 아버지의 신임을 받았지만 형들의 시기심으로 아버지와 작별인사도 못하고 이집트에 노예로 팔려갔습니다. 비극적인 생이별을 한 아버지 야곱은 요셉이 죽은 줄 알고 22년간 슬퍼하며 늙어갔습니다.

요셉의 첫 번째 이야기 통합은 파라오 왕의 시위대장 보디발의 집에서 일어났습니다. 요셉은 20대의 준수한 청년으로 보디발의 집에서 집안 총지배인이 되었습니다. 그러나 그를 눈여겨본 보디발의 아내, 즉 요셉의 여주인이 그를 유혹했습니다. 성실하고 믿을 만하며 좋은 평판과 멋진 외모를 가진 그를 여주인이 잘못된 방식으로 좋아했던 것입니다. 계속된 잠자리 요구에도 요셉은 단호하게 거절했습니다. 혈기 왕성한 20대 청년이었음에도 여주인의 눈짓과 요청을 거부할 수 있었던 것은 하나님의 이야기와 통합된 자신의 서사 때문이었습니다.

> 이 집에는 나보다 큰 이가 없으며 주인이 아무것도 내게 금하지 아니하였어도 금한 것은 당신뿐이니 당신은 그의 아내임이라 그런즉 내가

> 어찌 이 큰 악을 행하여 하나님께 죄를 지으리이까(창 39:9).

요셉의 서사는 하나님의 이야기와 엮여 있었고, 하나님의 거룩하심 때문에 요셉의 이야기에 그런 악은 자리할 수 없었습니다.

반대로 다윗왕이 우리아의 아내를 범했을 때, 하나님은 그것을 하나님 자신에 대한 범죄라 선고하셨습니다.

> 그러한데 어찌하여 네가 여호와의 말씀을 업신여기고 나 보기에 악을 행하였느냐 … 이제 네가 나를 업신여기고 헷 사람 우리아의 아내를 빼앗아 네 아내로 삼았은즉 칼이 네 집에서 영원토록 떠나지 아니하리라(삼하 12:9).

인간이 인간에게 범한 죄는 곧 하나님의 서사를 침범하는 것입니다. 그 결과 사람에게 저지르는 우리의 잘못은 곧 하나님의 계정에서 계산되고 처리됩니다.

우리의 이야기는 하나님의 이야기와 통합될 때 유혹을 이길 힘을 얻습니다. 아버지 야곱이 죽고 요셉의 형들이 요셉의 보복을 두려워할 때, 그는 다시 자신의 이야기를 하나님의 이야기와 통합합니다.

> 요셉이 그들에게 이르되 두려워하지 마소서 내가 하나님을 대신하리이까 당신들은 나를 해하려 하였으나 하나님은 그것을 선으로 바꾸사 오늘과 같이 많은 백성의 생명을 구원하게 하시려 하셨나니(창 50:19-20).

요셉은 말할 수 없이 힘든 시절을 겪었지만, 형들이 요셉을 팔아버린 것도 하나님의 목적 있는 개입이었습니다. 하나님은 보이지 않는 손으로 그를 보호하시고 애굽의 총리의 자리에까지 앉게 하셔서 많은 백성을 구원하게 하셨습니다.

그리스도인의 이야기 살아내기

뉴욕 맨해튼에서 리디머교회를 개척한 팀 켈러 목사의 설교 중에 이런 이야기가 있었습니다. 한 새신자가 교회에 등록하며 자신이 왜 왔는지를 설명했습니다. 그가 말하길, 자신이 신입사원으로 회사에 큰 실수를 저질러 해고 위기에 처했는데, 자신의 부서 상사가 자기 편을 들며 보호해 주었다는 것이었습니다.

"그것은 제가 신입사원 교육을 잘못해서 그렇습니다. 저의 책임입니다."

회사에서 상사란 흔히 부하들의 공을 가로채고 과실은 부하에게 돌리는 사람들입니다. 그런데 능력을 인정받는 이 상사가 자신의 실수를 대신 짊어진 것입니다. 그는 이런 생각이 들었습니다.

'아, 이건 사람에게서 나올 수 있는 것이 아니다.'

그래서 직접 물어보았습니다.

"어떻게 저에게 그렇게 해주실 수 있었습니까?"

상사의 대답은 단순했습니다.

"저는 그리스도인입니다."

그리스도인은 자기 삶 속에 하나님의 이야기를 가진 사람입니다. 어떻게 하나님을 알게 되었는지, 믿게 되었는지, 그리고 하나님이 어떤 말씀과 은혜를 주셨는지, 자신의 삶 속에 하나님 이야기를 가진 사람입니다.

하나님의 이야기는 그리스도인의 이야기를 흡수해 버리지 않습니다. 인간의 역할을 잠식하지도 않습니다. 이야기 속에서 여전히 인간이 주인공이며, 하나님은 그것을 존중하십니다. 하지만 그리스도인이라면 자신의 이야기와 나란히 엮여 있는 하나님의 이야기를 궁금해합니다. 하나님의 이야기와 자신의 이야기가 일관성 있게 연결되기를 기대합니다.

교회의 역할은 청년들이 각자의 삶의 이야기와 하나님의 이야기를 통합하여 삶을 변화시키도록 돕는 것입니다. 기독교 신앙 자체가 하나님의 이야기에 참여한 사람의 이야기이며, 그 후 이어지는 변화의 이야기이기 때문입니다.

부활과 영생이라는 영원한 이야기

기독교는 인간을 찾아온 신을 믿는 종교입니다. 다른 종교들은 인간이 신의 문을 두드리는 상향식이지만, 기독교만은 신이 인간 역사를 뚫고 찾아온 신의 이야기입니다.

예수님은 적군이 점령한 세상에 변장하시고 들어와 사단의 세력을 전복하려 하십니다. 대군을 거느리지 않은 이유는 세상 사람들이 "자진해서 그의 편에 가담할 수 있는 기회"[41]를 주려 하시기 때문입니다.

예수님은 심판의 칼 대신 천국 이야기를 세상에 소개하셨습니다.

> 천국은 마치 사람이 자기 밭에 갖다 심은 겨자씨 한 알 같으니 …
> 천국은 마치 여자가 가루 서 말 속에 갖다 넣어 전부 부풀게 한 누룩
> 과 같으니라(마 13:31, 33).

천국은 처음엔 눈에 띄지 않는 작은 것이지만 크게 자라고 저절로 부풀어 오르는 성질을 가졌습니다. 그 값은 너무 귀하여 자기 소유를 다 팔아서라도 감출 수 없는 기쁨으로 살 만한 것입니다. 이 천국 이야기를 자기 이야기로 삼은 사람들이 그리스도인입니다.

예수님이 스스로 사람들의 이야기 속으로 들어오셨을 때, 그분은 아직 30세의 싱글 청년이셨습니다. 당시 하나님의 벌을 받은 것으로 여겨졌던 나병 환자가 찾아와 "원하시면 저를 깨끗하게 하실 수 있나이다"라고 고백하자 예수님은 환자를 손으로 만지시며 "내가 원하노니 깨끗함을 받으라"(마 8:3)라고 하셨습니다. 즉시 나병이 깨끗하게 되었습니다. 예수님은 '부정한 병'을 멀리서 꾸짖지 않고 환자를 직접 만지셨습니다. 가장 위험한 감염병 환자의 이야기에 예수님의 신적 치료 이야기가 통합된 것입니다. 환자는 예수님의 시간과 공간 안에 들어왔고, 예수님은 그 환자의 세계에 참여하셨습니다. 결과는 치료와 구원이었습니다.

지붕을 뚫고 침상째 내려온 중풍병자에게 예수님은 "작은 자야 안심하라 네 죄 사함을 받았느니라"(마 9:2)라고 말씀하셨습니다. 예수님을

만나는 순간은 환자의 이야기가 변화되는 순간입니다. 천국에서 오신 예수님의 관점에서는 절망의 병을 앓았던 환자도 하나님의 사랑받는 '작은 자'였습니다. 가족과 세상에 부담이 되어 자존감이 낮아진 그는 더 이상 불안해하지 않아도 되었습니다. 지금 '안심'을 명(命) 받았기 때문입니다. 중풍병이 나은 것도 놀라운 일이지만, 예수님을 찾아온 것만으로도 그의 죄가 용서받았습니다.

죄란 변형해서 쓰는 것이 아니라 용서받아야 하는 것입니다. 그는 하늘 이야기의 주인공, 하나님의 아들이신 예수님을 만나 온통 천국의 색으로 자기 이야기를 다시 채색할 수 있었습니다. 예수님은 인간의 역사에 들어온 천국의 이야기입니다. 적의 손에 빠진 세상에 들어와 그분을 알아보는 모든 사람에게 천국 백성의 옷을 입혀주십니다.

예수님의 이야기를 듣고 찾아온 사람들은 한결같이 환대를 받았습니다. 민족의 반역자 세리장 삭개오는 '아브라함의 자손'이라는 이야기를 들었고, 18년간 귀신 들렸던 여인도 '아브라함의 딸'이라는 말을 들었습니다. 죄와 병으로 감추어져있던 하늘 신분이 드러났고, 그들의 삶의 이야기가 달라졌습니다.

어떤 강도는 예수님과 같은 시각, 같은 장소에서 십자가에 못 박혔습니다. 그런데 소망 없는 삶의 마지막 순간에 그는 새로운 이야기를 썼습니다.

예수여 당신의 나라에 임하실 때에 나를 기억하소서(눅 23:42).

그는 같이 매달려있던 예수님의 이야기에 한 부분이 되길 원했습니다. 그는 예수님이 영원한 나라의 왕이시라는 것을 알았습니다. 자기는 들어갈 자격이 안 된다는 사실도 알았습니다. 하지만 자기의 죄를 알고 예수님께 부탁하면, 자기를 받아주실 것을 믿었습니다.

예수님은 대답하셨습니다.

내가 진실로 네게 이르노니 오늘 네가 나와 함께 낙원에 있으리라(눅 23:43).

죄를 더 묻지도 않고, 과거 이야기에 매이지도 않고, 강도가 지금 믿고 부탁할 때 예수님은 들어주셨습니다. 그에게 영원한 나라에서 서사를 이어가도록 약속하셨습니다. 여기에는 조건이 있습니다. 예수님을 닮아 완전한 복종, 완전한 낮아짐에 참여해야 한다는 것입니다. 환자는 자신의 절망으로 낮아져야 하고, 죄인은 자신의 죄를 고백하며 낮아져야 합니다. 낮은 자의 공통점은 자비를 구하는 것입니다. 예수님께 용서를 구하고 치유하심을 구할 때 거절당하는 사람은 한 사람도 없습니다.

예수님의 이야기에 참여한 사람은 어떤 청년이라도 C. S. 루이스가 말했듯이 죽음을 정복하신 그분의 승리 또한 나눌 수 있습니다. 죽은 후에 새 생명을 찾아 완전한 피조물이 됩니다.[42] 예수님의 부활과 영생 이야기를 믿으면 부활과 영생이 곧 청년 자신의 이야기로 변형됩니다. 이것이야말로 세상의 허무와 쾌락과 중독에 빠지지 않고, 꼭 필요하고 유익한 사람으로 변화되는 지름길입니다.

예수님의 죽음은 죄에 대한 우리의 이야기다

주전 700년경에 활동했던 이사야 선지자는 장차 올 메시아를 예언했습니다. 사람들은 메시아가 군대를 이끌고 적에게서 구해줄 지도자라고 생각했지만, 이사야는 다르게 예언했습니다.

> 그는 멸시를 받아 사람들에게 버림받았으며 간고를 많이 겪었으며 질고를 아는 자라(사 53:3).

이사야가 말하는 메시아는 거절당하고(rejected) 멸시받는(despised) 사람이었습니다. '간고를 많이 겪은 자' 곧 '슬픔의 사람'이었고, 고통을 겪고 통증을 앓았던 사람이었습니다. 선지자가 우울증이라는 말을 알았다면 메시아를 '우울한 마음을 가진 사람'이라고 말했을지도 모릅니다. 힘없이 거절과 고통을 겪는 사람이 어떻게 메시아가 될 수 있습니까? 사람들은 그가 하나님께 벌을 받는다고 생각했습니다. 하지만 이사야는 알고 있었습니다. 그가 고통을 당한 이유는 하나님께서 우리 모두의 죄악을 그에게 지우셨기 때문이었습니다(사 53:6).

어떤 종교에서는 이교도에게 잔인한 행동을 해도 괜찮다고 말합니다. 하지만 하나님은 당신을 거절하는 사람들에게, 그 반역의 죄를 대신해서 죽은 아들을 보여주십니다. 그리고 말씀하십니다.

"너희를 위해 대신 죽은 내 아들을 보아라. 내가 너희를 이렇게 사랑한다."

하나님의 아들이 인간이 되신 것 자체가 자유와 평안을 박탈당하신 것이었습니다. 무한히 자유로우신 신은 인간의 고통에 개입할 필요가 없었습니다. 그리스 신화의 신이나 다른 어떤 신도 인간의 고통에 참여하지 않습니다. 그런데 메시아가 모든 능력을 내려놓고 이 땅에 와서 징계와 채찍을 받은 것은 하나님의 뜻이었습니다. 하나님은 그가 깨지고 부서지기를 원하셨습니다. 아들이 미워서가 아니라 그래야 죄인인 우리 인간이 죄 용서를 받을 수 있기 때문이었습니다. 그래서 하나님의 아들 메시아 예수는 자신의 소원을 내려놓고 하나님 아버지의 뜻에 전적으로 복종하셨습니다. 그분이 사람이 되시지 않아도, 십자가를 지시지 않아도 그분은 여전히 하나님의 아들이십니다. 그러나 그분이 십자가를 지지 않으셨다면, 우리가 용서받고 구원받을 길은 없었을 것입니다.

상담학자로서 볼 때 예수님에게 그 어떤 고통보다 큰 고통은 '침묵'이었을 것입니다. 자신은 죄가 없지만 변명하지 않는 것. 그 메시아는 곤욕을 당하여 괴로울 때도 도살장으로 끌려가는 어린양처럼, 털 깎는 자 앞에서 잠잠한 양처럼 그의 입을 열지 않았습니다. 실제로 로마 총독 빌라도는 스스로 변호하지 않으시는 예수님을 이상하게 생각했습니다. 당시 로마는 변론의 사회였고, 억울한 사람은 얼마든지 자신을 변호할 수 있었기 때문입니다.

예수님은 변명할 말이 많았습니다. 어쩌면 좋은 웅변술로 십자가를 피하실 수도 있었을 것입니다. 빌라도도 예수님이 죄가 있어서가 아니라 대제사장들의 시기심 때문에 재판을 받는다는 것을 알았습니다. 하지만 인간의 죄를 지신 예수님은 변명하실 수 없었습니다. 인간 대신 지는 십자가를 피하실 수 없었기 때문입니다. 그분은 신으로서의 모든 능력을 무장해제당하고 인류 역사상 가장 고통스러운 형벌을 겪으셨습니다.

거기서 끝났다면 죽음이 예수님을 이긴 것이겠지요. 그러나 죄 없는 예수님은 무덤에 머물러 계실 수 없었습니다. 그분의 죽은 몸은 말씀하신 대로 3일 만에 다시 숨 쉬기 시작했습니다. 심장이 뛰기 시작했고, 말씀하신 대로 그분은 다시 살아나셨습니다.

예수님의 죽음과 서사는 우리의 참여를 요청합니다. 첫째는 그분의 삶과 죽음이 우리를 위한 것임을 믿는 것입니다. 예수님은 우리가 마땅히 살아야 할 완전한 순종의 삶을 사셨고, 우리가 마땅히 겪어야 할 지옥의 심판을 대신 당하셨습니다. 그분의 죽으심이 나를 위한 것이었음을 믿는 것이 그분의 이야기에 참여하는 것입니다. 둘째는 그분의 죽음을 우리도 본받아 사는 것입니다. 누구의 죄를 대신해서가 아니라, 세상 욕심을 바라는 옛사람이 십자가에 못 박혀 죽는 것입니다. 그럴 때 우리는 영원한 부활에 참여하게 되고, 그리스도와 함께 영원한 천국을 상속하게 될 것입니다. 우리는 그리스도와 함께한 상속자이기 때문입니다(롬 8:17). 우리 이야기는 영원히 사랑하는 그리스도와 함께 엮어져 갈 것입니다.

> 이야기 요약

새로운 결말이 이미 쓰여져있다

청년들이 추구해야 할 궁극적 가치는 물질적 이익이나 개인의 행복이 아닌 진리의 종착점, 즉 예수님이다. 예수님만이 청년 각자의 이야기 속으로 들어오셔서 승리의 이야기로 이끌어주시는 진정한 이야기꾼이시다. 죽음으로 단절된 이야기조차 부활로, 아픔과 절망을 놀라움과 기쁨으로 변화시키며 우리를 최고의 주인공으로 만들어주신다. 청년 서사의 최고의 변혁은 우리 이야기를 하나님의 영원한 내러티브와 통합하는 것으로서 우리가 영원한 생명을 얻고 이야기는 영광스러운 해피엔딩을 맞이하게 된다.

서사 노트 나의 인생 서사 5단계

'나의 인생 서사 5단계'는 우리 개인의 서사가 성경의 구원 서사와 어떻게 연결되어 있는지를 발견하는 활동입니다. 하나님께서 우리의 삶에 어떻게 역사하고 계신지를 소명, 훈련, 광야, 십자가, 약속의 땅이라는 5단계를 통해 정리할 수 있습니다. 각 단계마다 제시된 질문에 솔직하게 답변하며 하나님께서 나의 삶에 쓰고 계신 이야기와 목적을 발견하기를 바랍니다.

1. 소명 (부르심과 만남)

하나님이 당신을 부르시고 영적 여정이 시작되었습니다. 모든 신앙 여정은 하나님의 주도적인 부르심과 그에 대한 우리의 응답으로 시작됩니다. 때로는 극적인 만남으로, 때로는 조용한 깨달음으로 찾아옵니다.

- 하나님은 어떻게 당신의 삶에 들어오셨나요? 신앙의 첫 경험이나 결정적인 만남은 무엇이었나요?
- 부르심을 받기 전, 당신의 가치관과 세계관은 어떠했나요? 하나님을 만나기 전과 후에 어떤 변화가 있었나요?
- 하나님의 부르심에 당신은 어떻게 반응했나요? 수용, 저항, 의심, 기쁨 중 어떤 반응이었나요?
- 그 만남이나 사건 속에서 하나님의 어떤 속성을 강하게 경험했나요? (사랑, 자비, 거룩함, 능력)

아브라함의 부르심, 모세와 떨기나무, 사울의 다메섹 도상 경험, 또는 예수님이 제자들에게 "나를 따르라"라고 부르셨을 때와 같습니다. 하나님의 부르심은 우리의 정체성을 새롭게 하고, 삶에 새로운 방향과 목적을 제시합니다.

2. 훈련(제자도의 여정)

하나님의 부르심 이후, 제자로서의 훈련 과정이 시작됩니다. 이때 우리는 말씀, 기도, 예배, 섬김을 통해 영적 습관을 형성하고, 믿음의 공동체 안에서 성장합니다. 배움과 성장의 시간이지만, 동시에 첫 시험과 도전도 마주하게 됩니다.

- 하나님은 어떤 영적 훈련을 통해 당신을 성장시키셨나요? (말씀, 기도, 예배, 섬김)
- 이 시기에 하나님은 어떤 진리나 교훈을 가르치셨나요? 특별히 깨닫게 된 성경의 가르침은 무엇인가요?
- 훈련 과정에서 당신은 어떤 어려움과 도전을 경험했나요? 그것들은 당신의 신앙을 어떻게 강화시켰나요?
- 하나님은 어떤 멘토나 동역자를 당신 삶에 보내셨나요? 그들은 당신의 영적 성장에 어떤 영향을 미쳤나요?
- 이 단계에서 하나님이 당신에게 주신 특별한 역할이나 사명은 어떻게 분명해졌나요?

훈련의 시기는 제자들이 예수님과 동행하며 배우고 훈련받은 시간, 또는 엘리야가 엘리사를 훈련시킨 과정과 유사합니다. 이 시간은 하나님의 방식을 배우고, 그분의 성품을 닮아가며, 우리 안에 있는 달란트를 발견하는 중요한 과정입니다.

3. 광야 (영적 시험과 정제)

신앙 여정에서 피할 수 없는 광야의 시간입니다. 하나님의 침묵을 경험하거나, 영적 슬럼프와 의심에 시달리며, 자신의 진정한 동기와 믿음이 시험받는 시기입니다. 이 단계에서는 내적 갈등과 영적 투쟁을 통해 더 깊은 신앙으로 정제됩니다.

- 당신은 어떤 영적 광야를 경험했나요? (하나님의 침묵, 의심, 불안) 어떤 시험이 가장 힘들었나요?
- 광야에서 당신은 무엇을 가장 그리워했고 갈망했나요? 그 갈망은 당신에게 무엇을 가르쳐주었나요?
- 이 시기에 당신의 믿음은 어떻게 시험받았나요? 어떤 의문이나 도전이 당신의 신앙 기반을 흔들었나요?
- 광야에서도 하나님의 신실하심을 어떻게 경험했나요? 그분의 은혜와 돌보심이 어떻게 나타났나요?
- 이 고난의 시간을 통해 하나님은 당신의 어떤 면을 단련하고 계셨나요? 어떤 잘못된 동기나 우상이 드러났나요?

이 시기는 이스라엘 백성이 40년간 광야를 지난 여정, 예수님의 40일 광야 시험, 또는 욥의 고난과 같습니다. 광야는 고통스럽지만, 우리의 진정한 신앙이 형성되고 우리가 전적으로 하나님만을 의지하게 되는 중요한 장소입니다.

4. 십자가(죽음과 부활의 경험)

신앙 여정의 절정에서 당신은 자신의 십자가를 지고 예수님을 따르는 깊은 헌신의 단계로 들어갑니다. 훈련과 광야의 시간에서 배우고 성장한 모든 것이 시험대에 오르며, 자신을 부인하고 하나님께 모든 것을 내어드리는 결단의 시간입니다. 고난과 희생이 수반되지만 그 안에서 그리스도와의 깊은 연합과 부활의 능력을 경험합니다.

- 하나님은 당신에게 어떤 '십자가'를 지도록 부르셨나요? 그것은 어떤 희생과 순종을 요구했나요?
- 그 십자가 앞에서 당신의 가장 큰 두려움과 저항은 무엇이었나요? 그것을 어떻게 극복했나요?
- 이 순종의 여정에서 성령님은 어떻게 당신을 도우셨나요? 어떤 힘과 위로를 경험했나요?
- 당신의 십자가 경험은 예수 그리스도의 십자가와 어떻게 연결되나요? 그분의 고난에 어떻게 동참하게 되었나요?
- 이 과정에서 당신은 죽음과 부활의 원리를 어떻게 경험했나요? 무엇이 죽고, 무엇이 새롭게 태어났나요?

예수님이 "자기 십자가를 지고 나를 따르라"라고 하신 부르심의 실현입니다. 바울이 "내가 그리스도와 함께 십자가에 못 박혔나니 그런즉 이제는 내가 사는 것이 아니요 오직 내 안에 그리스도께서 사시는 것이라"(갈 2:20)라고 고백한 것과 같은 경험입니다. 이 죽음과 부활의 경험을 통해 가장 깊은 변화가 일어납니다.

5. 약속의 땅(영적 성숙과 열매)

우리는 오랜 순종과 정제의 여정 끝에 영적 성숙과 풍성한 열매를 맺게 됩니다. 하나님의 약속이 성취되고, 그분의 계획이 당신의 삶을 통해 아름답게 펼쳐지는 것을 경험합니다. 더 이상 나를 위한 삶이 아닌, 하나님의 영광과 다른 이들의 구원을 위한 삶을 살게 됩니다.

- 하나님은 어떻게 당신의 순종과 헌신에 신실하게 응답하셨나요? 어떤 약속들이 당신의 삶에서 성취되었나요?
- 지금까지의 신앙 여정을 통해 당신 안에 어떤 성령의 열매가 맺혔나요? 사랑, 희락, 화평, 오래 참음, 자비, 양선, 충성, 온유, 절제 중 어떤 열매가 특별히 풍성해졌나요?
- 하나님은 당신의 삶과 간증을 통해 어떻게 다른 이들을 축복하고 계시나요? 당신의 경험이 어떻게 다른 이들에게 소망과 격려가 되고 있나요?
- 이제 당신은 하나님과 어떤 새로운 관계를 경험하고 있나요? 처음 그분을 만났을 때와 비교해 어떻게 더 깊고 친밀한 관계로 성장했나요?
- 당신의 삶을 통해 하나님이 세상에 전하고자 하시는 메시지는 무엇인가요? 당신의 이야기는 하나님의 어떤 속성과 진리를 드러내고 있나요?

이 단계는 요한계시록에서 묘사된 "이기는 자"의 모습, 또는 바울이 "내가 선한 싸움을 싸우고 나의 달려갈 길을 마치고 믿음을 지켰으니"(딤후 4:7)라고 고백한 것과 같이 성숙한 신앙의 모습입니다. 약속의 땅은 완전한 안식과 만족, 그리고 하나님의 영광을 위한 풍성한 열매를 맺는 삶을 의미합니다.

"청년의 이야기가 좌절의 순간에도
멈추지 않고 하나님의 뜻을 구한다면,
그의 이야기는 실패가 아닌
하나님의 영광의 이야기가 된다."

6

완전히 달라진 당신의 이야기

실패와 고통을 새롭게 보다

앞서 우리는 청년들의 아픈 서사와 원인을 살펴보았습니다. 하나님의 내러티브와 함께 그러한 아픔을 넘어 새로운 이야기를 시작하기 위한 준비도 마쳤습니다. 이제 우리는 청년 여러분의 실패의 서사가 하나님의 더 큰 서사 안에서 재해석되고 변화되는 것과, 한 개인의 서사가 공동체 안에서 공유되고 함께 성장하는 모습을 살펴볼 것입니다. 실패와 고통을 새롭게 해석한 변화된 서사를 보며 우리의 서사 역시 새로워져야 합니다.

무신론에는 목적이란 것이 없습니다. 모든 것이 우연일 뿐이고, 살아남은 것은 적자생존했기 때문입니다. 세상은 경쟁뿐이고, 낙오자는 자연 속의 실패자일 뿐입니다. 낙오자를 위한 의미는 존재하지 않습니다.

1913년, C. S. 루이스는 무신론자였습니다. 그는 철저한 물질주의자로서 시공간에 원자의 무의미한 움직임 외에는 그 어떤 것도 존재하지 않았고 앞으로도 존재하지 않을 것이라 주장했습니다. 인간의 의식 역시 우연의 결과일 뿐, 우리에게 소중히 여겨지는 것이 결국은 무의미하다고 말했습니다. 모든 이야기는 무로 귀결될 것이고, 모든 생명도 결국은 일시적이고 무의미한 왜곡일 뿐이라고 말했지요.[43]

하지만 신비로운 세상을 보며 창조의 설계자가 있었다는 것을 믿는 순간, 세상은 달라집니다. 왜 인간의 눈은 신체의 가장 높은 곳에 안전하게 자리할까요? 왜 바다와 산은 저 위치에 가만히 있을 수 있을까요? 의미와 목적과 고유의 기능을 가지고 있는 것은 아닐까요? 창조자의 설계가 의도한 대로 작동하는 것은 아닐까요?

청년의 실패와 고통에도 당연히 의미가 있습니다. 아프고 힘든 것조차 창조주 하나님의 계획 안에 있습니다. 물론 그것을 감당할 힘도 주십니다. 청년의 존재 전체가 하나님의 계획 안에 있음을 믿으면 평안을 누릴 수 있고, 기도의 서사를 올릴 힘이 생깁니다.

시련이 반복되면 '내가 해봤자 또 실패하겠지?'라는 생각이 들 수도 있습니다. 하지만 하나님께 맡기면 하나님은 어떻게든 잘되게 해주신다는 것을 믿게 됩니다. 조나단 에드워즈의 설교처럼, 하나님을 사랑하고 예수님을 믿는 사람에게는 모든 나쁜 일들이 좋은 일들로 변합니다. 그 좋은 일들은 결코 빼앗기지 않을 것이고, 가장 좋은 일은 아직 이르지 않았습니다. 여전히 우리 앞에 놓여 기다리고 있습니다.

청년 우울증에도 이유가 있습니다. 현실의 좌절이 방아쇠가 되어 오랜 우울감이 일어난다면 우선 상처를 잘 돌보아야 하지만, 동시에 우울감을 허락하신 이유가 있음도 알아야 합니다. 하나님은 세상을 자기 꿈을 이루는 꿈쟁이나 모든 일이 계획대로 되는 능력자들로만 채우지 않으십니다. 우울을 겪었기 때문에 다른 사람의 상처를 공감할 수 있는 사람들로도 채우십니다.

만일 우울증을 경험한 청년이라면 확실히 한 단계 뛰어난 사람입니다. 우선 우울증은 오랫동안 눌러왔던 것들이 의식으로 드러나면서 자신을 가장 깊이 만나는 경험을 제공합니다. 이성과 감정의 한계를 뛰어넘는 우울의 고통을 겪은 사람은 성숙한 관계를 만들어낼 수 있습니다. 상담전문가 낸시 맥윌리엄스는 우울해 본 사람만이 우울한 다른 사람들을 효과적으로 도울 수 있다고 말했습니다. 그들의 아픔을 공감할 수 있고, 웃는 사람의 웃음이 전부가 아니라는 것도 이해하기 때문입니다.

토크쇼의 여왕 오프라 윈프리는 가난, 성폭행, 마약 중독 등 어린 시절부터 많은 어려움으로 우울증에 시달렸습니다. 하지만 이러한 역경을 딛고 세계 최고의 토크쇼 진행자이자 미디어 기업을 일군 성공적인 기업가로 자리매김했습니다. 그녀는 자신의 경험을 통해 다른 사람들의 아픔에 공감하는 방송인으로서 영감과 희망을 전할 수 있었습니다.

우울증은 성경의 인물들에서도 찾아볼 수 있습니다. 엘리야 선지자는 갈멜산에서 바알과 아세라 선지자 850명과의 대결에서 승리하고 이스라엘에 비를 내리게 하는 등 놀라운 하나님의 능력을 경험했지만, 악한 왕후 이세벨의 위협에 직면해 극심한 두려움과 낙심에 빠집니다. 그는 광야로 도망쳐 "여호와여 넉넉하오니 지금 내 생명을 거두시옵소서"(왕상 19:4)라고 말하며 죽기를 간구하기까지 합니다.

그러나 하나님은 엘리야를 책망하지 않으시고, 오히려 천사를 보내 음식을 먹이시고 잠을 자게 하시는 등 몸과 마음의 회복을 도우십니다. 그리고 '세미한 소리'로 엘리야에게 말씀하시며 그의 사명을 다시금 일깨워주십니다. 혼자가 아님을 깨달은 엘리야는 하나님의 회복의 손길로 인해 새 힘을 받게 되었습니다.

취준생도 부르심이다

평생 자신이 가야 할 길을 두드려보는 취업 준비 과정은 하나님이 맡기신 인류 봉사 이야기의 시작입니다. 취업은 청년들의 오랜 꿈과 노력의 결실이 돼야 할 기회이며, 사회에서 자신의 위치를 찾고 경제적 독립을 이루는 필수 코스입니다.

취업 준비는 힘든 도전입니다. 나의 쓸모, 인정, 자존감, 자존심이 함께 걸려있으니까요. 반복되는 기다림과 도전 속에 낙방 소식은 차라리 고마운 일입니다. 가타부타 말도 없는 무시는 그것만큼 끔찍한 악몽이 없습니다.

그렇지만 그 시기도 의미 있는 시간입니다. 내 삶을 위해 주어진 특별한 부름의 공간이기 때문입니다. 이때가 아니면 얻지 못할 것들이 있기에 이 시기가 우리에게 주어지는 것입니다. 나를 더 겸손하게 하고, 생각하지 못한 곳으로 진로를 바꾸어놓으실 수도 있습니다. 이 시기는 나만의 미래를 연마하는 광야의 풀무불입니다.

지금 20대를 지나는 모든 청년에게 시련과 고통, 두려움과 불안, 불확실성과 막막함이 그들의 젊은 몸과 마음을 누를 것입니다. 겉으로는 웃지만 속으로는 울고 있는 외로운 20대가 하루를 견뎌내고 있을 것입니다. 끊임없이 비교당하고 쉬지 않고 쫓기는 청년들에게 부르심과 소명의식이 없다면 얼마나 비참하고 허망할까요?

부르심은 '왜?'라는 질문에 주시는 하나님의 대답입니다.

'왜 나에게 이런 가난이?', '왜 이런 실패가?', '왜 이런 한계가?'라고 궁금할 수 있습니다. 그러나 20대의 모든 것이 부르심입니다. 가난도, 실업도, 아르바이트도, 취업 준비도 부르심입니다. 하나님은 영구직이 아닌 임시직 종사자까지도 돌보시고 공급하십니다.

소명에는 기다림이 따른다

만일 취준생이 소명이라면 기다림도 필요합니다. 하나님의 부름을 받은 사람들은 모두 기다렸기 때문입니다. 아브라함은 25년을 기다려 이삭을 얻었고, 야곱은 요셉과 22년 이상 이별해야 했습니다. 요셉의 20대는 억울한 감옥생활의 날들이었고, 다윗의 20대는 광야의 도망자 신세였습니다.

모세는 왕궁의 화려한 삶과 모든 특권을 뒤로하고 미디안 광야에서

목자로 40년이라는 긴 세월을 보내야 했습니다. 이 기간은 하나님의 때와 부르심을 기다리는 인고의 시간이었습니다. 자기가 배운 지식과 기술만으로는 이스라엘 백성을 이끌 수 없다는 것을 깨닫고, 광야의 고독 속에서 하나님을 깊이 알아가고 겸손을 배우는 인내의 시간이었습니다. 우리는 이 시기가 모세에게 이스라엘을 이끌 위대한 지도자로 준비되고 훈련되는 과정이었다는 것을 압니다.

좌절과 무기력 속에서만 깨닫게 되는 것이었습니다. 가장 낮고 힘든 처지에서 자신의 한계를 깨닫고 전능하신 하나님만 바라보게 됩니다. 한편 취업을 준비하는 청년에게는 상실과 절망만 있는 것이 아니라 정욕과 욕심도 있습니다. 돈의 유혹, 성공의 유혹, 인정의 유혹은 언제나 강합니다. 유혹을 받을 때마다 자괴감도 듭니다. 그럴 때 이런 질문이 삶의 방향을 바꿔줍니다.

'내가 하나님의 사랑을 받았는데 그럼 이제 어떻게 해야 할까?'

이 질문은 자신을 변하게 한 사랑을 말하게 하고, 깨달은 진리를 따라 살게 하며, 같은 진리를 믿는 사람들과 사랑을 주고받는 공동체를 이루게 할 것입니다. 그 공동체 안에서 여러분은 더 이상 인정받으려 애쓰지 않아도 됩니다. 대신 누군가 딛고 일어설 발판이 되고, 영원한 행복으로 안내하는 청년 안내자가 되면 좋겠습니다.

언약 안에서의 이성 교제

청년기의 대표적 실패는 인간관계의 실패입니다. 학교나 직장에서 타인과의 소통이 자연스럽지 않아 당황하거나 낭패를 겪는 경우가 많습니다. 특히 이성 관계의 실패는 자존감을 떨어뜨리고 자기중심적인 생각들을 무너뜨립니다. 청년 남녀 중 누가 데이트의 영향을 더 많이 받을까요? 이성에 관심이 없다고 하는 남성들도 20대를 솔로로 보내면 자존감이 많이 떨어지는 반면, 청년 여성들은 20대를 혼자 지내도 자존감이 안정적입니다. 남성들이 진지한 장기 연애에 크게 관심이 없다고 하지만, 정작 연애에 실패하면 그들의 자존감은 낮아질 수밖에 없습니다.

그러나 달라진 이야기 안에서는 청년기의 데이트 실패도 의미 있는 과정입니다. 지금 이 사람이 내 짝이 아니라는 확인이기 때문입니다. 그러니 미련을 갖지 말고 뒤돌아서세요. 아깝지 않습니다. 하나님은 당신에게 걸맞은 미래를 준비하셨습니다.

데이트 실패는 필요한 실패다

청년기의 이런 실패는 성숙을 이루어가는 '필요한 실패'입니다. 감상에 빠지지 말고 이성으로 돌아오세요. 그리고 누군가를 만날 때는 언제나 추락을 준비하기 바랍니다. 비행기가 비상착륙할 때 승무원들이 외치듯이("Brace for Impact!") 충격에 대비하세요.

연구에 따르면 청년기의 이성 교제와 친밀감은 성인이 되는 데 중요한 발달상의 업적입니다. 청소년기에는 짧고 얕은 친밀감이 특징이라면, 청년기에는 집중력 있고 헌신적인 관계를 만들어갑니다. 여기서 이성 교제 성공의 핵심은 관계의 안정성(stability)입니다. 이때의 관계 안정성은 평생의 행복에도 영향을 미칩니다.[44] 문제는 청년기 이성 교제의 안정성이 이전의 가족관계와 깊은 연관이 있다는 사실입니다. 가정에서 부모와 높은 수준의 소통과 애정을 경험한 청년들은 안정된 교제 관계를 오래 유지하며, 관계가 깨어져도 다른 사람과 친밀한 관계를 다시 시작하는 데 어려움을 겪지 않습니다.

상대적으로 가정의 지지가 적은 유년기와 청소년기를 보낸 청년들은 처음부터 자존감이 낮고, 그것이 대인관계의 불안정으로 이어집니다. 파트너 선택에 실패하거나 친밀한 관계 유지를 못해 반복적으로 실패한다면, 자신이 돌아보아야 할 문제가 있다는 뜻입니다. 실수에서 배우고, 있는 모습 그대로의 나의 진정성(authenticity)을 가지고 다가가세요. 자기 자신의 이야기에 대한 많은 생각과 정리가 필요합니다. 자신의 모습을 부끄러워하거나 회피하지 말고 있는 모습 그대로 나아가야 합니다.

관계가 깨졌을 때는 실망이 크겠지만 혼자 힘들어하지 말고 가능하면 신뢰할 만한 기독교 상담자의 도움을 받는 것이 중요합니다. 워낙 개인차가 크고 가족에게 받은 영향이 개인마다 다르기 때문에 일반화된 처방으로 충분하지 않습니다.

이성 교제란 사실 이상적인 상대를 얻는 것으로 끝나는 일은 아닙니다. 안정적인 관계의 유지를 위해 특별한 노력이 반드시 필요합니다. 남다른 노력을 기울인다면 자신이 선택하지도 않았고 만족스럽지도 않은 출발점을 행복한 결말로 만들 수 있습니다. 자신을 객관적으로 보고, 자신이 미처 생각하지 못한 소통과 생각을 보완한다면 평생에 만족스러운 관계를 시작할 수 있을 것입니다.

혼전 성관계의 덫, 황금률을 기억하라

개방적인 성문화가 자리하면서 젊은 연인들 사이에 혼전 성관계가 흔해졌습니다. 이제는 우리 사회가 결혼 전 동거나 성관계에 대해 그다지 상관하지 않는 것이 사실입니다. 하지만 혼전 성관계는 청년들에게 생각하지 못한 어려움을 줄 수 있습니다.

우선 대부분의 남성들은 성적 친밀감을 경험한 후에는 정서적으로 멀어질 수 있습니다. 밀러와 레이즈의 연구에 따르면 남성들은 대인관계를 기피하는 경향이 있습니다.[45] 성관계가 주는 높은 친밀도는 관계 후에 급격하게 떨어집니다. 특히 남성들의 대화를 통한 친밀감은 급감하고 그 결과 슬픔, 불안, 분노, 심지어 우울 상태에 빠지는 여성들이 많습니다.

성경에 나오는 다윗왕의 아들 암논은 배다른 여동생 다말을 흠모해서 성폭행한 후 오히려 몹시 미워하게 되었습니다. 이제는 미워하는 마음이 전에 사랑하던 마음보다 더 커져서 꼴도 보기 싫다며 다말을 끌어냅니다(삼하 13:15). 다말은 자신을 쫓아내는 악이 아까 행한 그 악보다 더 크다고 말하고, 암논은 결국 다말의 오빠 압살롬에게 비극적인 보복을 당합니다.

이런 모습이 나타나는 이유 중 하나는, 어릴 때 부모와의 애착 관계에 문제가 있었던 남성들이 책임지는 것을 두려워하기 때문입니다. 결국 고통은 고스란히 여성의 몫이 됩니다. CNN의 한 뉴스에서 고통받는 여성들의 기사를 보도한 적이 있었습니다. 남녀평등이 일상화된 미국에서조차 혼전 동거로 고통받는 것은 여성들이 많다는 내용이었습니다. 다수의 동거 남성들이 약혼이나 결혼을 연기하거나 거부했기 때문입니다. 여성들은 안정적인 인간관계를 바라지만 남성들은 그것을 부담스러워합니다. 결혼 밖에서 오는 모든 종류의 성적 접촉은 원하지 않는 임신과 양육의 책임 등으로 무거운 부담을 초래할 수 있습니다.

또한 혼전 성관계는 감정적 보상이 너무 커서 상대방의 장단점을 제대로 보지 못하도록 방해합니다. 마치 마약에 취한 듯이, 상대방의 단점이나 미래 결혼 생활에 중요한 요소들을 제대로 평가하지 못하게 됩니다. 이는 결혼 후 실제 문제에 직면했을 때 더 큰 실망감과 갈등으로 이어질 수 있습니다. 성경에서 성관계를 히브리어 '야다' 즉 '앎'으로 표현하는데 그 앎의 절정에 부부의 성관계가 있다는 것을 기억해야 합니다.

청년 남녀가 데이트를 하다 보면, 그리스도인 커플이라도 이런 질문이 생길 수 있습니다.

"요즘은 혼전 성관계나 동거도 많은데, 스킨십 정도는 괜찮지 않을까요?"

워낙 현재 트렌드가 성문화에 개방적이다 보니 흔들릴 수 있습니다.

하지만 거꾸로 생각해 볼까요? 만일 내가 현재 교제하는 사람이 아닌 다른 사람과 결혼하게 된다면 어떨까요? 새로 만난 사람에게 과거에 스킨십이 깊었던 애인이 있었다면 어떨까요?

그렇다면 사귀다가 헤어져도 후회가 없는 스킨십은 어디까지인지 궁금합니다. 이때 황금률이 필요합니다.

> 무엇이든지 남에게 대접을 받고자 하는 대로 너희도 남을 대접하라(마 7:12).

청년의 행동에는 자유가 있고 두 사람의 동의로 선택할 수 있습니다. 하지만 그 자유에는 책임이 따르고 결과도 서로 책임져야 합니다. 그리스도인 청년들은 좀 더 이성적인 선택을 해야 합니다. 아직 결혼하지 않은 상황에서 두 사람의 관계는 언제든 끝날 수 있습니다. 그렇다면 헤어질 때 후회가 없어야 하고, 헤어진 후 죄책감이 없어야 합니다. 자극이 클수록 다음 사람과의 만남에 큰 방해를 주고 오랜 기간 힘든 갈등을 일으킬 가능성이 높습니다.

기독교는 성을 언약으로 보는 반면 불신자들은 성을 기껏 기호나 취향 정도로 여깁니다. 그 차이는 인간의 육체를 어떻게 생각하느냐에서 나옵니다. 기독교는 인간의 육체를 하나님이 직접 만드셨고 신의 형상을 닮게 만드셨기에 긍정적으로 봅니다. 하지만 플라톤을 비롯한 다른 많은 철학자들과 종교인들은 육체를 극복하고 벗어나야 할 욕망 덩어리로 생각합니다.

문제는 우리나라 청년 87.1%가 결혼과 무관하게 성관계를 할 수 있다고 생각하고, 교회에 다니는 청년 38.6%가 이미 성관계를 경험했다는 사실입니다. 심각한 영적 위기입니다. 혼전 성관계는 하나님의 성전인 자기 몸을 더럽히는 일입니다. 만일 결혼 전에 선을 넘은 경우가 있다면 즉시 자신의 문제를 깨닫고 회개해야 합니다. 같은 죄를 반복하지 않도록 청년의 유혹과 싸워야 합니다. 하나님은 회개하는 청년을 용서해 주십니다. 이전에 기준이 무너진 청년들은 "어차피 나는 한 번 무너졌는데… 요즘 청년들은 다 하는데 뭐"라고 생각할 수 있습니다. 그러나 기준은 경험이나 친구가 아니라 하나님의 말씀입니다. 혼전 성관계에 대해 성경이 금지하는 것은 명백합니다. 혹시 결혼을 약속한 관계라 하더라도, 결혼식 전까지 순결을 지키도록 돕는 것이 미래 배우자에 대한 진실한 사랑입니다. 자신에 대한 기준을 결코 낮추지 마십시오.

존재 전체의 헌신으로 거듭나기

사람들은 사랑에 빠지는 것이 의지로 어떻게 할 수 없는 불가항력적인 사건이라고 말합니다. 다른 사람과 사랑에 빠졌으니 지금 애인과 헤어질 수도 있고, 젊은 베르테르처럼 유부녀를 사랑할 수도 있다는 논리입니다. 하지만 사랑은 선택입니다. 머리가 온통 감상적인 노래로 가득하거나 몸이 알코올로 가득할 때는 어떤 관계든 로맨틱한 관계로 전환시킬 수 있습니다. 그러나 그것은 선글라스를 끼는 것과 같아서 자기가 선택한 색으로 상대방을 보는 것일 뿐, 책임을 짊어지는 참

된 사랑이 아닙니다.[46]

불안한 성적 관계를 안정적인 헌신의 관계로 바꾸는 것은 오직 결혼 밖에 없습니다. '헌신'의 약속과 맹세는 성관계의 전제조건입니다. 남녀 모두가 만족스럽고 안정적인 성관계를 할 수 있는 것은 결혼의 언약 안에서만 가능합니다. 부부의 성관계는 배타적이고 거룩합니다. 하나님의 말씀에 순종하여 하나가 되는 사랑의 연합이기 때문입니다.

성경에서 성관계는 곧 육체의 하나 됨, 즉 감정, 의지, 이성, 육체 전체가 하나 되는 관계입니다. 그것은 몸의 일부가 아니라 자기 전부를 맡기는 것이고, 인격 전체를 노출하고 맡기는 철저한 자기 기부 행위를 의미합니다. 성은 몸의 한 부분에 대한 자극이나 순간의 만족을 위한 것이 아니라 나의 몸과 영혼, 생애 전체를 동반하는 헌신인 것입니다.

결혼 전의 데이트의 핵심을 바꾸는 방법이 있습니다. 성적 접촉이 아니라 '대화'를 통해 친밀해지는 것입니다. 서로를 알아가고, 위기를 풀어가고, 비전을 나누는 대화야말로 결혼 전에 쌓을 수 있는 건강한 관계의 기초입니다. '상대로부터 무엇을 받을 것인가' 이상으로 '나는 무엇을 줄 것인가'를 고민해야 하는 현실적인 헌신의 관계가 동반되어야 합니다.

순순히 잘 꺾이는 것이 복이다

"예수님을 모르는 친구들도 세상에서 잘나갑니다. 그런데 하나님을 믿는 저는 지지리도 일이 풀리지 않습니다. 답답하고 짜증 납니다. 이 럴 거면 예수님을 왜 믿어야 할까요?"

어떤 청년이 이렇게 물었습니다. 인생에서 큰 굴곡 없이 살아온 한 청년은 어느 시점부터 롤러코스터를 타기 시작했습니다. 친구들 가운데서도 자신이 뛰어나다는 것을 알고, 혼자만의 쾌감도 있었습니다.

'난 더 잘할 텐데, 다른 친구들은 힘들겠네.'

뭐든지 자신이 주도하면 더 잘될 거라는 확신이 있었습니다. 공모전 대상을 탔을 때는 성취감과 자기 효능감이 크게 높아졌습니다. 하지만 생각은 거기서 멈추지 않았습니다. 자신에 대한 신뢰는 더 높아지고, 미래에 대한 욕구도 커졌습니다.

'나는 넘어지지 않아, 뭘 하든 잘할 수 있을 거야.'

그런데 일이 벽에 부딪히고, 원하던 결과가 나오지 않는 일이 생겼습니다. 매출은 떨어지고 큰 사고가 겹쳤습니다. 그는 큰 좌절감을 느끼며 '왜 안 되지?'라고 질문을 던지기 시작했습니다.

처음에는 원인을 안에서 찾기보다 원망부터 했습니다. 남 탓도 서슴지 않았습니다. '내 주변에는 왜 좋은 멘토가 없을까?', '부모님은 왜 나에게 이런 일을 물려줘서 고생하게 하셨을까?'라는 생각도 했습니다.

만일 이 청년의 이야기가 여기서 멈춘다면 그는 세상을 원망하며 실패에 그친 서사가 될 것입니다. 그러나 이 시점에 하나님의 뜻이 무엇인지 궁금해한다면 그는 신의 서사에 참여할 수 있습니다. 그러면 그의 이야기는 실패의 이야기가 아니라 하나님의 이야기가 됩니다.

"네가 잘했다고 하는 것은 사실 내가 다 한 것이다. 네가 이룬 것들을 나는 한 번에 다 무너뜨릴 수도 있지. 하지만 나는 네 일보다 너를 더 아끼고 사랑한단다."

결국 이 청년은 실패를 계기로 믿음을 '순종과 겸손'으로 이해하게 되었습니다. 하나님이 보고 싶어 하시는 것, 곧 자신의 의지와 자아를 내려놓고 순종하는 연습을 하겠다고 결심했습니다. 그때부터 어떤 성과도 '내 힘으로 해냈어'라고 생각하지 않으려 주의를 기울였습니다.

실패가 계속 될 때는 이런 생각도 듭니다.

"하나님, 이 정도면 안 될까요? 추락도 이 정도면 충분하지 않겠습니까?"

하나님은 반드시 과거보다 미래를 더 좋게 하시는 분입니다. 다만 좋게 하시는 기준과 내용이 우리와 달라서 우리는 고통받고 회의하게 되는 것 같습니다. 과연 예수님을 믿으면 세상 친구들보다 잘 나가야 하는 걸까요? 중요한 것은 소명입니다. 내가 하는 일을 하나님이 주신 소명으로 여기는지, 아니면 다른 친구들과 비교해서 내가 좀 더 나은 사람으로 보이게 하려는 열등감 방지용으로 여기는지 생각해봐야 합니다. 참된 신앙이란 나보다 높은 뜻을 헤아리고 거기에 맞추어 나의 근본적인 욕구를 변형시켜가는 과정입니다. 선하시고 전능하신 하나님의 음성을 듣고, 거기에 나의 욕망을 꺾고 순종하는 것입니다.

전능하신 하나님의 기대는 나의 기대 영역 밖에, 혹은 위에 있습니다. 그것을 깨닫고 순종하는 것은 오로지 좌절을 통해서만 가능합니다. 그래서 하나님의 특기는 '꺾기'라고 말할 수 있습니다. 인간의 욕구를 꺾으셔서 하나님의 목적을 이루시는 것입니다.

창세기 32장을 보면 하나님이 야곱의 허벅지 관절을 치셔서 다리를 절게 만드시는 장면이 나옵니다. 야곱은 자기에게 축복을 달라고 했는데, 하나님은 그를 꺾어 걸을 때마다 절게 하셨습니다. 왜였을까요? 야곱은 모든 일에 계산이 빠른 사람이었습니다. 자기 지혜를 의지하여 형의 장자권까지 빼앗았고, 필요하면 도망도 쳤습니다. 하지만 이제는 도망갈 길이 없습니다. 뛸 수가 없기 때문입니다. 하나님은 그가 자신의 지혜를 의지하지 않고 오직 하나님'만' 의지하는 사람, 이스라엘이 되기를 원하셨습니다.

만일 하던 일이 잘 풀리지 않는다면 야곱을 생각하십시오. 그리고 하나님의 '징계'를 생각하십시오. 징계란 잘 참으며 견뎌야 하는 것입니다. 친구보다 못한 굴욕감도 견뎌야 합니다. 왜냐하면 징계란 하나님이 당신의 아들들에게만 주시는 것이기 때문입니다. 사랑하기 때문에 아버지가 아들들을 징계하십니다. 세상에 소망을 두지 말고 하나님만 의지하라는 것입니다.

> 징계는 다 받는 것이거늘 너희에게 없으면 사생자요 친아들이 아니니라(히 12:8).

청년의 실패 이야기는 반드시 그 위에 계시는 하나님의 서사를 만나야 의미를 찾습니다. 그래야 삶이 해석됩니다. 청년의 삶은 오직 내면에 속삭이시는 성령님의 음성을 들을 때 성장과 변화가 있습니다. 하나님이 꺾으실 때 순순히 잘 꺾이십시오. 그리고 고통을 잘 견디십시오. 하나님이 여러분을 마침내 순금같이 정결하게 하실 때까지 우리의 이야기는 이미 종결된 하나님의 해피엔딩을 만날 수 있습니다.

공동체와 함께 쓰는 이야기

공동체는 청년의 생기를 돋아나게 합니다. 소속감은 청년을 에워싼 성벽과 같습니다. 공동체는 생동감의 원천이며, 자부심의 근원이고, 힘들 때 기댈 언덕과 같습니다. 좋은 공동체는 좋은 전통과 함께 회원들에게 소속감을 주고 청년의 삶에 기쁨을 줍니다.

공동체는 동시에 고통을 주기도 합니다. 뒷담화, 오해, 미움, 따돌림 등이 모두 공동체에서 나옵니다. 공동체를 떠나는 청년들은 대개 이런 상처들을 받았기 때문입니다. 따돌림이 없는 공동체가 없으며, 차별하지 않는 공동체를 찾기도 어렵습니다. 오래된 교회일수록 끼리끼리 친해서 새로운 멤버가 자리 잡기 힘든 경우도 있습니다. 전도와 선교를 강조하지만, 새신자나 다시 돌아온 '가나안 신자'에게 불편한 마음은 언제나 있습니다. 가끔 교회에는 '거룩한 척하는' 친구들이 있습니다. 상처를 준 사람은 모르고, 소외당하는 사람만 힘들 뿐입니다.

하지만 청년들도 하나님의 임재를 체험하는 세대입니다. 하나님의 진리에 응답하는 세대입니다. 청년 세대의 특성상 소그룹 모임은 중요합니다. 소그룹의 핵심은 이야기의 환대입니다. 어떤 낯선 이야기의 소유자라도 그리스도 안에 있다면 변화되지 못할 사람은 없습니다.

청년 공동체와 하나님의 임재

환대의 요소는 첫째, 청년 개개인에 대한 관심과 사랑이며, 둘째는 그것을 소통하는 이야기의 힘을 공유하는 것입니다. 청년 한 사람의 이야기는 곧 그의 존재 자체입니다. 소그룹이 작동하는 원리는 그 이야기들이 서사화되어 표현되는 것입니다. 그리고 메타내러티브인 그리스도의 이야기와 엮인 각자의 이야기를 합쳐 더 큰 공동체의 이야기를 엮어가는 것입니다. 진정성 있는 "이야기의 힘을 인지하고 진솔하게 소통하려는 노력"이 청년 세대와 소통하는 열쇠가 됩니다.[47] 지혜를 가지고 사랑스러운 공동체를 만들어가야 합니다.

이야기하는 공동체는 소망이 있다

이야기는 청년의 삶을 허물기도 하고 세우기도 합니다. 긴장을 일으키기도 하고 아름다운 삶을 엮어내기도 합니다. 크고 작은 삶의 도전들이 청년들의 삶을 흔들기도 하고, 보듬어진 마음들은 다시 하루를 살아갈 힘을 얻기도 합니다. 치료의 힘은 이야기의 변화에서 옵니다.[48] 청년들의 이야기를 경청하고 공감하면 위기의 이야기가 기회의 담론으로 변합니다.

소아암을 앓고 있는 한 초등학생의 예를 들어보겠습니다. 암 치료로

머리가 다 빠지고, 온몸에 링거가 달리고, 코에는 산소 호스를 끼고 있는 아이, 그 아이는 자신의 절망을 담은 그림을 그렸습니다. 비행기 한 대가 엔진에 불이 나서 바다로 추락하고 있고, 사람들은 모두 무서워 떨고 있습니다. 설상가상으로 비행기가 떨어지는 바다에는 상어 떼가 배회하고 있습니다. 몇 차례 치료를 받아도 나아지지 않는 자신의 절망을 아이는 이 그림에 담았습니다.

'여기서 내가 살 수 있는 방법은 없는 것 같아!'

그때 현명한 간호사가 아이의 그림을 보고 그 이야기에 개입합니다. 비행기 화재와 바다의 상어가 이야기의 끝이 되어서는 안 되기 때문입니다. 간호사는 그림에 인명 구조선을 그려주며 한마디를 덧붙입니다.

"좋은 사람들이 승객들을 모두 구해줄 거야! 그리고 너는 반드시 나을 수 있어!"

이야기가 방향을 바꾸면 절망의 그림은 소망의 그림으로 바뀝니다. 아이의 시선은 추락한 비행기나 상어가 아니라 구조선을 향합니다. 그림과 이야기의 변화는 아이 마음의 변화로 이어집니다. 이제 이야기의 결말이 달라질 것입니다.

청년들이 현실의 부정적인 기세에 눌려 힘을 잃었습니다. 노력해도 안 된다는 절망이 전염병처럼 퍼지고 있습니다. 400만의 청년들이 자기 일을 못 찾고 있는 현실은 추락하는 비행기, 그들을 기다리는 상어가 득실거리는 바다와 같습니다. 두려워하는 그들이 버틸 수 있도록 이야기의 방향을 바꾸는 서사 개입이 필요합니다. 이를 위해 공동체의 청년들은 각자의 서사를 이야기해야 합니다. 이야기에는 역동적 힘이 있습니다. 청년은 이야기하기를 통해 "체험을 정리하고, 의미를 만들고, 나아가 공동체를 형성"할 수 있습니다.[49]

이야기할 때 혼란스러웠던 생각들이 정리됩니다. 내성적인 청년들은 먼저 자기 생각을 모두 정리해야 말할 수 있다고 생각하겠지만, 정리되지 않은 이야기도 용기 내어 막상 시작하면 후회하지 않습니다. 경청하는 누군가만 있다면 어떤 실패의 이야기도 '의미'를 부여받습니다.

공동체를 세우는 이야기의 힘

이야기할 때 공동체는 어떻게 형성될까요? 『성공하는 사람들의 7가지 습관』이라는 책에서 읽은 이야기입니다. 붐비는 뉴욕 지하철에 아빠와 아이들이 탔습니다. 아빠는 무관심한 듯 멍하니 서 있었고, 아이들은 시끄럽게 뛰어다녔습니다. 참다못한 시민들이 아빠를 꾸짖었습니다.

"당신 아이들 좀 잘 가르치세요. 사람이 많은 곳에서는 조용히 해야 하는 것 아니에요?"

그제서야 아빠는 정신이 돌아온 듯 힘없이 대답했습니다.

"아, 죄송합니다. 제가 아이들을 돌봐야 한다는 걸 깜빡했네요. 사실은 조금 전에 병원에서 아이들의 엄마가 죽었습니다. 저나 아이들도 지금 무엇을 어떻게 해야 할지 몰라 좀 혼란스러운 것 같습니다."

이 이야기를 들은 승객들은 갑자기 숙연해졌습니다. 이제 그 누구도 아빠나 아이들을 비난하지 않았습니다. 잠깐이었지만 아빠의 이야기를 들은 그들은 이 낯선 가족의 슬픔에 함께 참여하는 작은 공동체가 되었습니다. 이야기는 공동체를 만듭니다.

  내일을 향해 걸어가는 청년들은 각각 『일리아드』와 『오디세이』 못지않은 서사를 가졌습니다. 개인의 성장, 교제, 고민, 불안, 스트레스, 통증, 신앙, 건강, 취미 등에 대하여 호머처럼 자신만의 『오디세이』 서사를 읊어내기 시작해야 합니다. 스토리텔링을 통해 청년들은 자신이 살 만한 세계를 만듭니다. 이야기를 소통할 때 변화의 힘이 발생합니다. 청년은 입을 열어 말해야 합니다. 은둔하거나 숨지 말고, '부적절'하고 창피한 이야기조차 누군가에게 말할 용기를 가져야 합니다. 경청하는 사람을 찾고, 자기 이야기에 반응하는 공동체에 참여해야 합니다.

  끝으로 기억할 것은 한두 사람이 이야기를 독점하는 것은 공동체에 해를 끼친다는 사실입니다. 공동체 안에서는 언제나 힘들고 아픈 사람에게 마이크가 먼저 가야 합니다. 오래 침묵하는 사람을 따뜻하게 초청하여 그들의 이야기를 우선 들어야 합니다. 그 외의 회원들은 골고루, 차례를 따라, 절제된 나눔이 있어야 합니다. 예배 후 공동체는 가족처럼 아픈 사람이 우선입니다.

교회 공동체 안에서 말하기

  교회 공동체는 청년들에게 가족 다음으로 중요한 경청과 공감의 응답 주체가 되어야 합니다. 서사를 촉진하는 공감을 통해서만 이야기를 제대로 이해할 수 있고, 이야기를 제대로 알아야 그것들을 수정할 수 있기 때문입니다.[50]

  물론 교회와 모든 청년 공동체는 불완전합니다. 교회 공동체 안에서도 돈, 부동산, 주식, 연애 등 세상적 이야기만 나눌 때는 메마른 사막과 같습니다. 어느 공동체든 크고 작은 어려움들이 있습니다. 하지만 청년들이 하나님의 이야기를 알고 자신들의 이야기를 연결시키면 새로운 즐거움과 행복이 솟아납니다. 결말 없는 세상 이야기로 허무해지지 않고, 하나님 나라를 이야기하며 서로의 경험과 간증을 나눌 때 이전에 몰랐던 즐거움을 경험하게 됩니다.

'다른 사람의 이야기를 들으면서 보이는 반응은 모두 해석'입니다. 청년의 이야기를 듣는 사람은 모두 해석자들입니다. 교회 공동체는 '신적인 이야기가 해석의 틀을 구성하고 있는' 해석자들의 공동체가 되어야 합니다. 청년 공동체 구성원들은 다른 청년의 서사를 촉진하고 그리스도의 환대의 스토리로 소망을 줄 수 있도록 훈련되어야 합니다.

잠시도 핸드폰을 놓지 못하는 청년들이 어떻게 교회에서 30분 설교를 들을 수 있을까요? 그들이 설교와 하나님의 이야기를 통해 자기 이야기와의 연결점을 찾고 있기 때문입니다. 선포되는 말씀의 행간에서 자기 위치를 탐색하고, 성경과 신앙 전통의 이야기를 씨줄로 삼고 자신의 이야기를 날줄로 삼아 삶을 직조하고 있습니다.

하나님은 말씀으로 청년들을 찾아오십니다. 청년은 하나님의 이야기에 자기 인생의 이야기를 함께 써가기로 결단합니다. 하나님이 행하신 놀라운 일들은 이야기로 변형되어 청년들에게 전달되고, 그들로 하여금 '무엇이 삶에서 정말로 현실적이며 중요한지를 이해'하도록 돕습니다.

청년 자신도 성경에 계시된 하나님의 이야기, 신앙 전통의 이야기들을 폭넓게 이해해야 합니다. 그런 이해가 깊을수록 그리스도인으로서 '자신의 이야기를 가장 잘 살아낼 수 있기' 때문입니다. 그리스도인 청년은 제한된 내러티브를 넘어 새로운 방식으로 자신들의 이야기를 펼쳐갈 수 있습니다. 그럴 때 비로소 신적 차원의 이야기를 세상에 보여주고 들려줄 수 있습니다.

우리의 이야기는 새롭게 쓰인다

청년의 실패와 고통은 하나님의 더 큰 서사 안에서 재해석되고 변화될 수 있다. 첫째, 우울증은 자신을 깊이 만나는 경험이자 타인의 상처를 공감하는 성숙의 기회가 된다. 둘째, 취업 준비의 과정은 하나님의 특별한 부르심이자 단련의 시기이다. 셋째, 이성 교제의 실패 또한 성숙을 위한 '필요한 실패'이며 넷째, 하나님이 우리의 욕구를 꺾으실 때는 그로 인해 더 높은 뜻을 이루실 것을 확신한다. 궁극적인 청년의 이야기는 공동체 안에서 경청과 공감을 통해 공유되고, 그리스도의 구속적 내러티브와 통합되어 소망과 기회의 서사가 된다. 이제 청년들은 하나님의 이야기 속에 완전히 변화된 자신의 이야기를 써내려 가야 한다.

서사 노트 당신의 미래를 위한 질문

'영적 타임라인 그리기'를 통해 서사를 전체적으로 시각화하고 미래의 방향성을 설정할 수 있습니다. 하나님의 개입과 인도하심을 파악한 후, 미래에 대한 질문들에 답변함으로써 새로운 서사를 계획해 보세요. 과거의 패턴을 발견하고 하나님이 앞으로의 삶을 통해 이루실 일을 기대할 수 있을 것입니다.

영적 타임라인 그리기

- 큰 종이나 디지털 도구를 사용해 당신의 삶에서 중요한 영적 순간들을 시간 순으로 표시하세요.

- 신앙의 전환점, 중요한 결정, 위기, 하나님의 개입을 느꼈던 순간들을 표시하세요.

- 각 사건 옆에 그때 당신이 느꼈던 감정을 색깔이나 간단한 단어로 표현하세요.

영적 타임라인 완성 후에 생각해 보기

- 반복되는 패턴이 있나요?

- 하나님이 당신의 삶에서 지속적으로 드러내시는 특별한 주제가 있나요?

- 위기의 시간들이 결국 어떻게 성장으로 이어졌나요?

- 하나님의 신실하심이 어떻게 나타났나요?

미래의 방향 (앞으로 나아갈 길)

- 앞으로 당신의 삶에서 이루고 싶은 꿈이나 목표는 무엇인가요?

- 당신은 어떤 미래를 그리고 있나요? 그 미래를 위해 현재 어떤 노력을 하고 있나요?

- 당신의 삶의 이야기를 통해 다른 사람들에게 어떤 메시지를 전달하고 싶나요?

- 당신의 삶의 여정에서 가장 배우고 싶은 것은 무엇인가요?

부록

청년에게 보내는 특별한 편지
청년들을 부탁하는 특별한 편지

To. 사랑하는 청년 여러분에게
"아팠던 시간만큼 공감할 수 있습니다"

    아버지의 폭력을 견디다 못해 아버지를 폭행한 청년이 있었습니다. 장성한 아들을 폭행하는 아버지를 이해할 수는 없지만 아들의 마음 역시 편치 않았습니다. 괴로워하는 그 청년에게 저는 이렇게 말했습니다.

    "아버지를 때리는 것은 옳지 않습니다. 아들로서 두고두고 후회할 것이기 때문이에요. 아버지가 다시 때리려 하신다면 아버지의 팔목을 잡으세요. 아들이 더 힘이 세다는 것만 아셔도 충분할 겁니다."

    여러분도 부모님을 이해하기 어려울 때가 있을 것입니다. 좋았던 기억과 아픈 기억이 섞여 있어서 더 혼란스럽기도 하지요. 세상에는 계단을 구르면서까지 뱃속의 딸을 지우려 했던 엄마도 있습니다.

    "너만 태어나지 않았어도 이렇게 불행하지 않았어."

    엄마의 이런 말은 딸에게 깊은 상처가 되었습니다. 하지만 청년이 된 지금, 그녀는 엄마를 이해하게 되었습니다. 그리스도인이 되면서 이해력이 더 자랐고, 부모를 직접 만나는 건 부담스럽지만 그리워하고 안타까워하게 되었지요.

    C. S. 루이스가 말했듯이 용서는 근사한 것 같지만, 막상 용서해야 할 일이 생기면 요나처럼 분노가 앞섭니다. 그러나 용서와 사랑이 때로 억지인 것 같아도 이는 하나님께 대한 순종입니다. 하나님은 배반하는 인간을 위해 죄 없는 아들이 대신 벌을 받게 하셨습니다. 이것이 하나님 서사의 핵심입

니다. 고난 가운데 말씀을 묵상하고 순종할 때 불가능해 보이는 용서도, 사랑도 가능해집니다. 정당한 징계를 하는 부모를 공경해야 하지만, 정당하지 않게 변덕을 부리는 부모조차도 이제는 성장한 내가 견딜 수 있는 만큼의 필요한 거리를 두고 '사랑'을 시도할 수 있어야 하겠습니다. 물론 분별력과 지혜가 필요하겠지요. 하루아침에 힘든 사람을 품을 수는 없습니다. 그러나 불가능한 일은 아닙니다. 삶의 변곡점, 이야기의 전환점을 만들면 됩니다.

"하나님, 왜 제가 사랑해야 돼요? 너무 어려운 것 바라시는 것 아니에요?"

그러나 하나님도 포기하지 않으십니다. 하나님은 우리의 원한을 지금 여기서 풀게 하시기보다 우리가 먼저 하나님 닮기를 원하십니다. 원수를 갚는 일은 하나님의 손에서 '확실하게' 하실 것이기 때문에 그것을 신뢰하고, 우리 청년들은 하나님 닮은 용서와 사랑을 실천해야 합니다.

매 순간 감사하세요. 감사하다는 말 한마디가 힘든 마음을 녹입니다. 감사하면 심장이 춤출 거예요. 감사는 '억지로' 하는 것입니다. 인간의 본성이 감사를 허용하지 않기 때문입니다. 비교와 불만이 언제나 사람의 마음을 가득 채우고 있지만 때로 이 본성을 무시하고 가로질러 감사해야 합니다. 자신의 본성을 거스르는 것이 진리를 향한 길이기 때문입니다.

아무리 일이 바쁘고 우울해도 잠시 멈추어 서서 '내가 받은 것은 무엇인가?'를 생각하면 가슴 벅찰 정도로 감사의 이유가 떠오를 것입니다. 감사를 기억하는 순간 상황은 순식간에 역전되기에 사단도 끝까지 달라붙어 이 두 음절의 '감사'가 입에서 터지지 못하도록 할 것입니다.

믿음을 선택하세요. 하나님은 가장 선하게 여러분의 서사를 인도하실 것입니다. 하나님께 이야기하세요. 여러분의 이야기는 응답될 뿐만 아니라 아픔을 치유하고 구원합니다. 주의 깊게 하나님의 음성을 들으세요. 귀가 열리면 온 세상이 하나님의 사랑과 위로로 가득할 것입니다.

비교하지 마세요. 실수를 인정하세요. 정직이 최고의 선택입니다. 함께 모이세요. 모든 우울감은 고립에서 옵니다. 자신이 무가치하다는 거짓말을 믿지 마세요. 공감하세요. 힘들지만 정말 가치 있는 일입니다. 여러분의 공감으로 누군가 '다시 살아봐야겠다'고 결심할지도 모릅니다.

사랑하는 청년 여러분, 아픔을 겪었기에 더 깊이 공감할 수 있는 여러분이 되었습니다. 이제 그 경험을 통해 다른 이들을 위로하는 사람이 되어주세요.

To. 존경하는 부모님께
"자녀에게 안식처가 되어주세요"

청년에게 가정은 안식처입니다. 의지할 것 없는 광활한 세상 여정에서 날개를 쉬어갈 수 있는 편안한 쉼터이지요. 청년 자녀가 완전히 홀로 서기까지 부모님의 사랑과 후원이 필요합니다.

부모님께서도 너무 바쁘셨던 것 압니다. 그러나 쌓인 빚과 사업 스트레스, 부부 갈등으로 자녀들에게 자주 분노를 표출하셨다면, 이제라도 사과하는 용기를 내주세요. "애썼다. 그런 형편에서 잘 자라 주어서 고맙구나"라고 말씀해 주세요. 지금이라도 다시 시작하실 수 있습니다.

우선, 어릴 때 못다 해 준 칭찬을 시작하십시오. 자녀들은 평생 아빠엄마의 자랑거리가 되고 싶어합니다. 어렸을 때 자녀의 모습을 기억해주시고, 그때 참 좋았던 일들을 말해 주십시오. 자녀의 어린 시절을 제대로 기억하는 사람은 세상에 부모 밖에 없을 것입니다.

둘째, 어릴 때 더 자주 놀아주지 못한 것, 사정이 어려워서 신경을 쓰지 못한 것, 부모의 갈등으로 자녀의 정서를 살피지 못한 것, 바쁜 직장 생활이나 교회 일로 귀가한 아이들을 제대로 돌보지 못한 것을 사과하십시오.

셋째, 지금 자녀를 얼마나 자랑스러워하며 사랑하는지 말씀해 주십시오. 잘 자라 주어서 고맙지 않습니까? 감사하다고, 자랑스럽다고 꼭 말씀해주십시오.

끝으로, 비록 지금 청년기가 가난하고 힘들고 어렵겠지만 엄마아빠는 너를 생각하며 걱정하고 기도하고 있다고 말씀해 주세요. 자녀가 혼자 생활하고 있다면 안전하고 건강하기를 기도하고, 취업을 준비한다면 기회가 꼭 주어지길 위해 기도한다고 말씀해 주세요.

  물론 아직 하실 수 있는 실천사항도 많습니다. 청년 아드님이 있다면 함께 헬스장에 가거나 좋아하는 운동을 같이 하실 수도 있습니다. 청년 따님이 있다면 좋아하는 선수가 나오는 축구장이나 야구, 배구경기에 함께 응원하러 가실 수도 있습니다. 함께 영화를 보러 갈 수도 있고, 좋은 곳에 다녀오라며 따로 용돈을 주실 수도 있습니다.

  물론 지금 자녀의 모습 때문에 근심하는 부모님도 계시겠지요? 청년 자녀에게 어떤 문제가 생기면 자책하는 부모님도 계실 것입니다. 스스로 "좋은" 부모가 아니라고 결론 내릴 수도 있습니다. 하지만 그렇지 않습니다. 믿음의 부모였던 야곱이나 다윗의 집에도 참 어려운 일들이 많이 생겼습니다. 탕자의 비유를 보면 무한히 좋은 아버지에게서도 자기만 생각하는 탕자 아들, 피해의식에 사로잡힌 장남이 나오기도 했습니다.

  힘을 더 빼셔야 합니다. 양육에는 두 가지 극단이 있습니다. 너무 엄격해서 상처를 주거나, 너무 유약해서 자녀들이 제멋대로 사는 경우이지요. 부모의 엄격성과 사랑은 공존해야 합니다. 엄격성은 충동적 행동을 조절하게 하고, 사랑은 자기 자신을 소중한 존재로 여기게 합니다.

  자녀들은 부모님과 행복하게 살고 싶어 합니다. 고통과 분노의 감정이 있더라도 그것을 표현하도록 허락해 주세요. 자녀의 이야기는 부모님의 경청과 공감을 바랄 뿐입니다. 아직 늦지 않았습니다. 부모로서 부족함을 채울 기회가 아직 남아있습니다.

"하나님이 모든 것을 아시고 언제나 너와 함께하신단다."

자녀를 위한 기도와 신앙 안내, 믿음의 격려와 위로를 수시로 전해 주세요. 자녀들과 대화를 마무리할 때는 반드시 부모의 영적 권위로 축복해 주세요. 야곱처럼 복을 빌어주세요. 인생에서 지쳐갈 때 하나님이 만져주시면 아픔에서 벗어날 수 있습니다. 부모가 최선을 다할 때 하늘 아버지께서 일하십니다.

존 가트맨은 좋은 부모가 된다는 것이 자녀의 정서에 민감하게 반응하는 것이라 했습니다. 자녀의 부정적 감정도 친밀감을 쌓을 기회로 여기고, 감정을 진지하게 받아주세요. 초개인적인 Z세대라도 이런 사랑에 반응하지 않을 자녀는 없습니다.

"어떤 일이 있어도 엄마는 네 편이야. 널 믿어!"

청년들에게 관심을 가지고 공감하면 반드시 변화됩니다. 부정적인 감정도 이해받으면 가라앉습니다. 그들의 개별성을 존중하고 '사랑받고 있음'을 느끼게 해 주세요. 양육과 현실에서의 결핍은 하나님께서 채우실 공간입니다. 하나님의 서사가 함께 있으면 나의 약함도 강함이 됩니다.

누구든 완벽한 양육을 받은 청년은 없습니다. 그러나 우리 청년들이 이스라엘의 왕이 되었던 20대의 다윗처럼 자신의 태생적 한계를 받아들이고 겸손하게 하나님의 도우심을 구한다면 그들은 더는 결핍된 부모 양육의 희생자가 아닙니다. 그래서 다윗이 사울 왕에게 쫓겨 동굴에 숨었을 때 지은 시편의 기도가 우리 청년들에게도 필요합니다.

"나의 부르짖음을 들으소서 나는 심히 비천하니이다 나를 핍박하는 자들에게서 나를 건지소서 그들은 나보다 강하니이다"(시 142:6).

세상은 청년보다 강합니다. 청년 도망자는 비천하고, 그를 핍박하는 자는 강한 권력을 휘두릅니다. 하지만 하나님께 기도로 이야기하는 순간 전능하신 구원자의 능력은 청년의 편이 됩니다. 청년의 영혼은 구원이 필요하며, 공동체 의인들의 둘러쌈과 지지가 필요합니다.

"내 영혼을 옥에서 이끌어 내사 주의 이름을 감사하게 하소서 주께서 나에게 갚아주시리니 의인들이 나를 두르리이다"(시 142:7).

세상은 청년보다 강합니다. 하지만 하나님께 기도로 이야기하는 순간 전능하신 구원자의 능력은 청년의 편이 됩니다. 부모님이 최선을 다할 때 하늘 아버지께서 일하십니다. 이것이 우리의 희망입니다. 사랑하는 부모님, 함께 새로 시작하시기를 바랍니다.

존경하는 아버님,

그동안 고생이 많으셨지요? 가정을 세우기 위해, 자녀들을 잘 키우시기 위해 많이 수고하신 줄 압니다. 아버지로서 많은 신체적, 정서적, 경제적 변화를 겪으셨을 것입니다. 갱년기를 맞으면서 체력이 저하되고, 노후 준비는 고사하고 교육을 마무리 시키기도 어려운 상황에 계시리라 생각합니다. 그

수고를 무엇과 비교할 수 있겠습니까?

아드님이나 따님이 태어날 때를 기억하십니까?
'나를 아빠라 불러 줄 아이가 태어나다니…….'
참 기분이 좋으셨겠지요. 아마도 자식을 위해서라면 그 무엇도 아끼지 않고 다 줄 수 있으리라 생각하셨을 것입니다. 성경에도 아버지는 자식에게 좋은 것을 주는 사람으로 묘사되어 있습니다. 다른 사람들과 경쟁하더라도 자식만은 나보다 더 나았으면 하는 것이 진정한 아버지의 마음이라고 생각합니다.

그러나 혹시 자녀들이 '아버지가 살아있는 고아'는 아니었겠지요? 아버님은 좋은 가정이란 조용하고 다툼이 없이 평화로우면 된다고 생각하실지 모르겠습니다. 하지만 만일 자녀와 대화도 없이 한 주간이 지나간다면 잠시 멈추어 확인해 보십시오. 자녀들이 조용한 이유가 아버님의 엄격함과 완고함 때문일 수도 있습니다. 언제든 청년 자녀에게 상처 주었던 말이나 행동이 떠오르시면 용기 내어 "미안하다"고 한마디 해주실 수 있겠습니까? 그 한 마디로 과거의 응어리가 눈 녹듯이 녹고, 자녀들이 아버님을 사랑할 수 있게 됩니다.

또한 탕부(蕩父)가 되어주세요. 둘째 아들이 아버지에게 유산을 요구하고 외국에서 돈을 다 탕진하고 돌아왔을 때, 아버지는 달려가 그를 끌어안습니다. 어떤 목사님은 이 아버지를 '사랑의 탕부'라고 불렀습니다. 아들은 재산을 탕진했는데 이 아버지는 아들을 위해 사랑을 '탕진'했다는 말입니다. 부디 자식을 위해 사랑을 아낌없이 '낭비'하는 탕부가 되어주세요. 아들이 내 마음에 안 든다고, 딸이 내 말을 듣지 않는다고 자주 분노하신다면 자녀들은 결국 등을 돌릴 수밖에 없습니다.

 노년에는 자녀들에게 존경과 사랑을 받는 아버지가 되시기를 소망합니다. 그러려면 과거를 돌아보며 진심으로 사과할 줄도 아셔야 합니다. 그리고 요즘 고민이 뭔지 넌지시 물어봐 주시면 좋겠습니다. 만일 아이가 아버님께 자기 고민을 이야기하면 우선 "고맙다"고 말씀해 주세요. 그리고 아빠도 같이 고민해 주겠다고 약속해 주십시오. 실패한 경험이 있더라도 과거의 잘못은 용서해 주시고, 새로운 기회를 잘 붙잡으라고 따뜻하게 말씀해 주십시오. 무섭거나 강한 요구보다 다정하게 묻고 경청해주는 아빠가 되시기를 부탁드리는 것입니다. 아직 늦지 않았습니다.

 아버님은 집안의 기둥이며 자녀들이 의지할 언덕이십니다. 아버지라는 이름은 너무 특별해서 천지를 지으신 하나님께만 붙인 이름이기도 합니다. 같은 이름을 공유한 아버지로서 자부심이 있으시기를 바랍니다. 더욱 건강하세요.

사랑하는 어머님,

 자녀들을 낳고 기르시느라 얼마나 고생이 많으셨습니까? 때로 가난하고 어려운 형편 속에서도 '내 새끼는 최고로 잘 키운다'는 마음으로 애써주신 어머니들의 노고에 감사드립니다. 덕분에 다음 세대를 이끌어갈 멋진 리더들이 자라났습니다.

 하필 자녀들이 청년이 되는 시기가 어머니의 갱년기와 맞물려 매우 혼란스러우실 것입니다. 체력의 한계와 건강 걱정, 곧 자녀들이 떠날 노년에 대한 두려움이 크겠지요. 사랑이 클수록 애착도 강하기에 독립하는 자녀에 대한 아쉬움도 더욱 클 것입니다.

하지만 때로 청년들이 힘들어하는 이유 중에 어머니 이야기도 심심찮게 등장합니다. 공감받지 못하고 계속 듣게 되는 엄마의 신세 한탄, 쉬지 않는 판단이나 충고 때문입니다. 엄마가 성장하지 못하면 엄마와 자녀 모두가 고통을 겪게 된다는 것을 기억해 주세요.

혹시 아이가 힘들다고 할 때 "엄마도 힘들어"라며 뿌리치신 적 있으신가요? "너 좀 저리 가 있어!" 등 이런 말들이 아이들에게 상처가 되었을 수 있습니다. 애정 없는 통제는 자녀의 우울증이나 성격장애의 공통요소입니다. 어머니는 청년 자녀까지도 끝까지 보호하고 편이 되어주셔야 합니다. 그렇지 않으면 아이들이 험한 세상에서 방황하고 영혼을 잃어버릴 수 있습니다.

행복하고 좋은 일은 아이들과 함께 하십시오. 하지만 힘들고 우울하게 하는 일들은 다른 어른이나 전문가와 함께 먼저 해결하셨으면 좋겠습니다. 그래야 아이들에게 좋은 마음을 줄 수 있습니다. 어머니 자신이 우울하면 간섭과 잔소리가 많아질 수 있습니다. 하지만 그럴수록 아이들의 이야기를 궁금해하고, 따뜻하게 물어봐 주고, 진심으로 좋은 피드백을 주는 어머니가 되세요.

깊은 애정과 너그러운 인정은 하나님을 닮은 엄마의 모습입니다. 정서적 교감없는 신앙은 강압이 되어 자녀들을 신앙에서 떠나게 할 수 있습니다. 내 자녀의 문제를 남이나 자녀에게 일방적으로 떠넘기지 않아야 합니다. 어디 가서 누구를 만나 해결하고 오라고 문제를 던져버리지 않아야 합니다. 자녀가 힘들다고 이야기하는데 외면한다면 자녀들은 갈 데가 없습니다. 함께 앓아 주시고, 함께 어려움의 무게를 나누어 주세요.

"그건 전부 너의 잘못이야!"
"넌 그게 최선이라고 생각하니?"

이런 말들은 자녀를 한없이 막막하게 만듭니다. 대신 이렇게 말해 주면 어떨까요?

"네가 많이 힘들었겠구나. 그런 줄 몰랐어, 미안해. 엄마가 어떻게 하면 될까?"

자녀가 청년이 되어 독립할 때도 언제나 엄마가 뒤에 있다는 것을 확인시켜 주세요. 첫걸음을 내딛는 자녀에게는 "언제든지 부모가 곁에서 도움을 제공하거나 지지해 주기를 원하는" 마음이 있다는 것을요. 모성애는 하나님이 보증하시는 신적 자질입니다. 젖 먹여 기른 자식을 잊지 못하고, 자기 태에서 난 자녀를 불쌍히 여기는 어머니의 마음은 하나님을 닮은 마음입니다. 언제나 자녀를 잊지 말고 후회 없이 사랑하세요. 자녀들이 엄마의 사랑을 영원히 기억할 것입니다.

To. 청년사역자분들께
"진정한 복음의 메시지를 전해 주세요"

　하나님이 부르신 청년사역자로서 그들을 사랑하여 헌신하시니 감사합니다. 우리 예수님의 성육신의 은혜와 성령의 은사를 힘입어 청년 세대를 세우고 계신 그 열정과 헌신을 하나님이 기억하시리라 믿습니다.

　청년들이 사역자에게 흔히 받는 상처들이 있습니다. 특히 학벌이나 직장에 관한 것입니다. 입시나 입사 과정에서 실패했다고 생각하는 청년일수록 사역자의 표정이나 톤의 작은 차이에 큰 상처를 받을 수 있습니다. 지금 목사님의 눈앞에 있는 한 사람에게 시선을 주세요. 선입견이 있을 수도 있지만 표는 내지 말아주세요. 똑같이, 공평하게, 하지만 내가 인사하는 형제자매에게 잠깐이라도 시선이 머무르게 하세요.

　"○○야, 안녕? 요즘 어떻게 지냈어? 우리 기도 제목 나눈 지도 제법 오래 됐네!"

　우리 청년들이 피곤하고 지친 가운데서도 교회에 나와 앉아 있는 이유는 복음을 듣기 위해서입니다. 청년들은 진지한 설교와 복음의 진리를 듣기 원합니다. 산만하지 않게 잘 준비된 성경 중심의 말씀을 원합니다. 설교 도중에 청년들이 웃는 것은 목사님의 유머 감각이 좋아서가 아니라, 청년들을 웃게 하려는 목사님의 노력이 애틋하기 때문입니다. 재미있는 동영상은 유튜브에 차고 넘칩니다. 설교 내용이 늘 새롭지 않아도 됩니다. 좀 지루하면 어떻습니까? 하셨던 말씀 또 하셔도 됩니다. 그것이 예수님 이야기라면, 성경 말씀을 그대로 전하려고 애쓰신다면 오래된 그 이야기를 그대로 또 해주세요. "나 항상 듣던 말씀 또 들려 주시오"라는 찬송가 205장의 영어 가사가 이렇습니다.

"Tell me the old, old story of Jesus and His love."(예수님과 그분의 사랑에 관한 오래된 이야기를 들려주세요.)

세상은 성경과 복음을 변형시키려 애를 씁니다. 권위에 대한 반항을 멋으로 여기며 신앙에 균열과 분열을 일으키려 합니다. 믿음을 회의하게 하는 질문을 던져서 전통적 가치관을 뒤집으려 합니다. 하지만 우리 청년들은 사역자분들이 잘 가르쳐주신 덕분에 생각보다 더 단단합니다. 믿어주시고, 더 많이 가르쳐주세요. 청년들에게는 새로운 사상이 필요한 것이 아니라 복음의 체화가 필요합니다. 교회에서만 아니라 일터에서도 수시로 하나님의 이름을 부르며 기도하는 동행자가 되도록 지도해 주세요.

오늘날 21세기 청년들에게는 그 어느 때보다 복음이 필요합니다. 그들을 위해 대신 죽어주신 청년 예수님의 이야기가 절실합니다. 청년들은 분명한 진리를 듣고 싶어 합니다. 옳은 것은 옳다, 아닌 것은 아니다라고 명확하게 말씀해 주세요. 특히 청년기에 누구나 겪는 성적인 고민과 갈등 속에서, 그들도 자신의 잘못을 알고 있습니다. 필요하다면 말씀의 책망을 통해 죄가 무엇인지 분명히 알려주세요. "죄도 괜찮고, 혼전 성관계도 괜찮다"는 세상의 목소리와 달리, 청년들은 성경의 명확한 기준을 듣기 원합니다. 예수님의 위로는 죄를 죄가 아니라고 말하는 데서 오지 않습니다. 죄는 죄이고, 회개하는 청년에 대한 용서는 하나님의 몫입니다.

그런데도 그런 것을 쉬쉬하고, 청년들의 마음이 상할까 봐 그것이 죄라고 말도 못하는 설교는 설교가 아닙니다. 아닌 것은 아니다, 옳은 것은 옳다고 바르게 설교해 주세요. 그리고 설교를 마치고 내려오셔서는 차별 없이 따뜻하게 청년들을 대해 주세요. 청년들은 위로를 원하지만, 그것이 아이들이나 달래는 '솜사탕 위로'인 것은 아닙니다. 때로는 "얼마나 힘드냐, 고생이 많겠다"는 말도 형식적일 수 있습니다. 위로를 힘 있게 하는 것은 하나님의 말씀입니다. 청년들은 하나님의 말씀과 음성을 듣기 원합니다. 때로 그것이 꾸중과 책망이라 하더라도, 잘못된 것은 분명히 아니라고 따끔하게 말하는 것이 청년들이 원하는 것입니다. 청년 영성의 본질은 하나님께 복종하는 것입니다.

신앙을 위한 신비로운 환경이나 엄숙한 종교적 분위기는 감각에 이로움을 주지만 참된 영성은 하나님과의 동행에서 옵니다. 모든 일에 하나님께 질문하고, 성경 말씀을 묵상하며, 하나님과 대화하는 것입니다. 때로는 하나님께 올려드리는 날카롭고 아픈 질문일 수도 있습니다.

"하나님, 왜 이 사람과 헤어지게 하셨습니까?"
"도대체 저의 짝은 어디에 있는 것입니까?"
"제발 이 지루한 백수 생활에서 벗어날 수 있게 해주세요!"
"하나님, 요즘 너무 힘들어요!"

이해할 수 없는 일들을 맞이하고 겪으면서도 하나님과 대화하며 꾸역꾸역 하루를 살아내는 청년들, 그들이야말로 영성 있는 청년들입니다. 자신의 기대나 소원이 아니라 하나님의 뜻이 이루어지는 그 차이를 받아들이며 신앙생활 하는 것은 성숙이며 성화입니다. 성령의 일을 받지 않고 자신의 욕망에 몰입된 청년들이 자신의 문제를 깨닫고, 하나님의 기대에 맞는 성숙한 사람으로서, 그리스도의 몸인 교회에서 자신을 드려 유익을 줄 수 있도록 인도해 주세요.

유럽의 경건한 공동체나 수도원을 방문하는 것은 잠시의 휴식을 위해 유익하겠지요. 하지만 그런 고립 생활을 참된 영성이라 말하는 것은 중세기적인 발상입니다. 디트리히 본회퍼 목사의 지적처럼 그것은 구원과 경건을 계급화하는 일입니다. 참된 영성이란 지금 내 자리에서 성령님을 기억하고 그 충만한 은혜를 사모하여 구하는 것입니다. 그래서 내 삶의 현장에서 그리스도에게 복종하는 능력이 참된 경건입니다.

참된 그리스도인 청년은 세상의 영을 받지 않고 하나님으로부터 오신 성령을 받은 사람입니다. 그래서 하나님이 우리에게 은혜로 주신 것들을 알고 감사하는 청년입니다(고전 2:12). 청년의 참된 영성은 지금 삶의 현장에서 하나님이 주신 것들을 알고, 악한 것을 분별하며, 자신을 더럽히지 않는 것입니다(고전 3:16).

맺는 글

청년 이야기를 마무리하며,
"만일 내가 다시 20대로 되돌아간다면"

    청년들을 위한 글을 쓰면서 가끔 저의 20대로 되돌아가 보았습니다. 행복했던 시간이나 평온했던 순간이 언제였는지 자문해 보지만, 좀처럼 떠오르지 않습니다. 부적절감, 불확실성, 지지 부족, 불안, 고립감, 열등감, 우울감… 이루 나열할 수 없는 어두운 감정들이 플래시백처럼 살아옵니다.

    저에게는 신화가 없습니다. 청년들에게 꿈을 북돋아줄 만한 특별한 성취도 없습니다. 언제나 일정에 쫓겼고, 흙먼지 가득한 현실에 매였던 20대는 참 힘들었습니다. 그러나 그런 하찮은 저를 지탱해 주었던 것은 '의미'였습니다. 사람은 이유가 있으면 어떤 환경에서도 살 수 있고 심각한 가난과 고난도 의미가 있으면 견딜 수 있습니다.

    20대의 저를 지탱한 것은 위에서부터 주어진 부르심, 곧 소명이라는 목적의식이었습니다. 처참하고 힘든 20대를 보냈지만, 그것들을 하나로 꿰어주는 유일한 주제는 부르심이었습니다. 지독한 가난도, 학벌의 열등감도, 심지어 데이트의 실패도 모두 하나님의 부르심이었습니다.

덕분에 저의 인생을 위하여 준비된 가장 신실한 사람을 만날 수 있었습니다. 그러고 보면 하나님의 부르심 외에 저의 20대와 지금의 저를 연결해 줄 수 있는 것은 아무것도 없습니다. 하지만 제가 20대로 다시 되돌아간다면, 소박한 소원 몇 가지는 있습니다.

우선, 읽고 싶은 책을 더 천천히, 깊이 읽고 싶습니다. 어릴 때 좋아했던 책읽기가 어느 순간 부담이 되었습니다. 좋은 독서 가이드를 만나 조급하지 않게 한 권씩 음미하고 싶습니다.

둘째는 친구들과 좀 더 어울리고 싶습니다. 내 일에만 집중하느라 함께하는 즐거움을 누리지 못했습니다. 마음을 나눌 사람을 더 많이 만들고, 그들과 더 많은 시간을 보낸다면 좋을 것 같습니다.

셋째는 더 좋은 사람으로 보이려고 연극하지 않을 것 같습니다. 비난받기 싫어 타인의 눈에 맞는 사람이 되려 하지 않고, 더 깊고 든든한 사람이 되고 싶습니다. '사람들에게 나는 어떻게 보일까?' 이런 고민을 덜 하고 인정에 목매지 않을 것입니다. C. S. 루이스는 "참된 겸손이란 당신이 남보다 못하다고 생각하는 것이 아니라 당신 자신에 대해 덜 생각하는 것"이라고 말했습니다.

넷째는 좋아하는 운동을 좀 더 일찍 시작하고 싶습니다. 건강은 당연한 것이라는 교만한 마음이 있었던 것 같습니다. 좋은 코치를 만나 처음부터 잘 계발했다면 평생 운동을 더 즐겁게 했을 것입니다. 여러분은 일찍이 규칙적이고 지속적으로 몸을 관리하십시오. 자극적인 외식보다 지루하고 맛없는 음식을 더 사랑하십시오.

다섯째는 사람을 차별하지 않고 힘든 사람들을 더 도우려 노력할 것 같습니다. 제가 좋아하는 사람만 좋아했던 것을 반성합니다. 저를 위해서가 아니라 약한 사람들을 진심으로 돕고자 하는 마음이 더 많았더라면 좋았겠습니다.

여섯째는, 저의 장단점을 좀 더 객관적으로 이해할 것입니다. 저의 20대의 가장 강했던 방어기제는 회피였습니다. 스트레스가 올 때 공부에 몰입하고 피했습니다. 이제는 단점은 인정하고 고쳐가며, 장점은 더 계발하고 싶습니다.

일곱째는 데이트할 때 좀 더 여유를 가질 것 같습니다. 조급하여 짧은 시간에 사랑에 빠지는 것은 자기 연민이나 자기 사랑에 더 가깝지 않겠습니까. 쉽게 사랑에 빠지는 것은 청년기에 반드시 고쳐가야 할 문제입니다.

하지만 제가 잘했던 것들도 있습니다. 석사과정 때는 밤 12시부터 한 시간이 저만의 기도 시간이었습니다. 가난했지만 반드시 유학을 가서 더 공부하리라는 각오는 20대 전체를 지배했던 기도 제목이었습니다. 때가 되어 하나님이 그 소원을 들어주셨습니다.

지금이라도 꼭 듣고 싶은 말들이 있습니다. 20대에 이런 말을 듣고 인정을 받았더라면 얼마나 좋았을까요. 그래서 지금은 제 자녀들과 상담실에서 만나는 형제자매들에게 이렇게 격려하려 합니다.

"남들이 학벌과 성공을 위해 달려갈 때 네가 목회자의 길을 가려 한 것은 너무 귀한 일이다. 담력을 가지렴!"

"돈을 먼저 생각하지 말고, 사람을 먼저 생각해라."

"빚이 많으면 살기 어려워. 보증 서지 말고, 조급히 부자가 되려고 하지 말아라."

"그동안 공부하느라 고생이 많았네. 이젠 좀 쉬면서 해라. 이 정도만 해도 충분해."

"사람들을 편견 없이 사랑하고, 이성 교제를 서두르지 마라."

"예수님만 깊이 묵상하고, 예수님만 높이는 설교자가 되길 바란다."

돌아보니 참 외롭고 힘겨운 20대를 보냈습니다. 다행히 20대 말에 지금의 아내를 만나 옹고집을 조금씩 내려놓기 시작했습니다. '나도 틀릴 수 있지'를 생각하며 조금씩 변화되어 가고 있습니다. 결혼의 장점은 사랑하는 사람의 눈을 통해 나를 객관적으로 보게 된다는 것입니다. 결혼한 사람은 적어도 자신의 처절한 모습을 대면할 용기를 가진 사람입니다.

  우리의 목표를 최고의 서사에 맞추었으면 합니다. 그것은 이 땅을 걸으셨던 예수님의 서사입니다. 그분은 하나님께 온전히 순종하시고 인류를 사랑하셔서 자신의 모든 것을 주셨습니다. 오직 그분의 서사가 우리 청년들이 함께 맞추어가야 할 표준입니다.

  지금 여러분의 청년 서사가 완벽하지 않으면 어떻습니까? 올림픽 금메달을 따지 못해도 괜찮습니다. 청년 여러분 한 사람 한 사람이 하나님의 금메달이기 때문입니다. 아직 고쳐야 할 부분들이 많겠지만 괜찮습니다. 피하지 말고 담대하게 부딪쳐서 새로 수정하십시오. 삭제할 것은 삭제하고, 삽입할 것은 삽입하십시오. 그래서 세상에 하나밖에 없는 나만의 새로운 서사를 오늘도 묵묵히 써가시기를 부탁드립니다.

주

1) 앤더슨 · 폴리, 『예배와 목회상담: 힘 있는 이야기, 위험한 의례』, 33.
2) 한일섭, 『서사의 이론: 이야기와 서술』 (서울: 한국문화사, 2009), 11.
3) Sharon Parks, Big Questions, Worthy Dreams: Mentoring Young Adults in Their Quest for Meaning, Purpose, and Faith (San Francisco: Jossey-Bass, 2001), 35.
4) Katherine Turpin, "Younger Adulthood: Exploring Callings in the Midst of Uncertainty," in eds., Kathleen A. Cahalan and Bonnie J. Miller-McLemore, Calling All Years Good: Christian Vocation throughout Life's Seasons (Grand Rapids, MI.: Eerdmans, 2017), 98-99.
5) Wallace Martin, Recent Theories of Narrative (Ithaca: Cornell University Press, 1986), 7-8. 한일섭, 『최근 서사이론들: 이야기와 서술』, 15-16에서 재인용.
6) 앤더슨 · 폴리, 『예배와 목회상담: 힘 있는 이야기, 위험한 의례』, 34.
7) A. 맥그래스, 『우주, 하나님 지으신 모든 세계』, 70-71.
8) Jeremy Holmes, 『존 볼비와 애착이론』 (서울: 학지사, 2005), 282.
9) 앤더슨 · 폴리, 『예배와 목회상담: 힘 있는 이야기, 위험한 의례』, 17.
10) 앤더슨 · 폴리, 『예배와 목회상담: 힘 있는 이야기, 위험한 의례』, 23.
11) 이유빈, "미디어에 재현되는 청년세대의 음주문화 : 타자 지향적 소비와 자기 통치 수단으로서의 소비를 중심으로," 한국소통학회, 2022. https://www.earticle.net/Article/A415975
12) 수잔 브라이슨, 『이야기해 그리고 다시 살아나』, 226.

13) 수잔 브라이슨, 『이야기해 그리고 다시 살아나』, 130.
14) 수잔 브라이슨, 『이야기해 그리고 다시 살아나』, 230.
15) 강철원 외 3인, 『중독인생』, 47-48.
16) 홍정은, "약물중독단약자의 회복 요인에 관한 현상학적 연구: 기독공동체 '소망을 나누는 사람들' 중심으로," 한국기독교상담심리학회지, 2024. 9.
17) 앤더슨·폴리, 『예배와 목회상담: 힘 있는 이야기, 위험한 의례』, 20.
18) C. S. 루이스, 『스크루테이프의 편지』, 서울: 홍성사, 48. f
19) 앤더슨·폴리, 『예배와 목회상담: 힘 있는 이야기, 위험한 의례』, 64.
20) 앤더슨·폴리, 『예배와 목회상담: 힘 있는 이야기, 위험한 의례』, 121.
21) Holmes, 『존 볼비와 애착이론』, 274.
22) 신희천, 장재윤, 이지영, "대학졸업 청년실업과 정신건강의 관계-자기회귀 교차지연 모형의 적용," 한국사회조사연구소, 사회연구 Vol.-No.16, 43-75. (2008).
23) http://blog.naver.com/bschungu/220074655311부산청년유니온, 2020년.5월 20일 열람.
24) 최진기. (2019). https://www.youtube.com/watch?v=vqFaHVeQ8s0
25) 이성균. 2009.
26) 앤더슨·폴리, 『예배와 목회상담: 힘 있는 이야기, 위험한 의례』, 362.
27) https://www.hani.co.kr/arti/society/society_general/1018212.html 2024년 7월 2일 열람.
28) 앤더슨·폴리, 『예배와 목회상담: 힘 있는 이야기, 위험한 의례』, 361-362.

29) 김규보, 『트라우마는 어떻게 치유되는가』(서울: 생명의말씀사, 2022), 47.
30) 김규보, 『트라우마는 어떻게 치유되는가』, 48.
31) 수잔 브라이슨, 『이야기해 그리고 다시 살아나』, 117.
32) Holmes, 『존 볼비와 애착이론』, 250.
33) Holmes, 『존 볼비와 애착이론』, 252.
34) https://korea.kr/briefing/pressReleaseView.do?newsId=156556083. 2024년 7월 12일 검색.
35) https://www.verywellmind.com/what-is-ghosting-5071ㄴ864. 2024년 6월 28일 검색.
36) 2024년 7월 18일 검색.
37) Finn Robinson, "How To Stop Cringing At Yourself Over Past Memories (9 Tips)," https://www.aconsciousrethink.com/20223/how-to-stop-cringing-at-yourself/. 2024년 2월 16일 열람.
38) Parks, Big Questions, Worthy Dreams, 6.
39) 앤더슨·폴리, 『예배와 목회상담: 힘 있는 이야기, 위험한 의례』, 122.
40) 앤더슨·폴리, 『예배와 목회상담: 힘 있는 이야기, 위험한 의례』, 121.
41) C. S. 루이스, 『순전한 기독교』(서울: 홍성사, 2022), 114.
42) C. S. 루이스, 『순전한 기독교』, 106.
43) 14. 'On Living in an Atomic Age', in Present Concerns, ed. Walter Hooper (San Diego, New York and London: Harcourt Brace & Co., 1986), 73–80;

p. 75f, cf. Surprised by Joy 134. & The Problem of Pain (London: Fount Paperback, 1977), 12, cf. 'Early Prose Joy' 28-30, 'The Funeral of a Great Myth', in Christian Reflections, ed. Walter Hooper (London: Fount Paperback, 1981), 110-123

44) Waite LJ. Does marriage matter? Demography. 1995;32:48 211;507. doi: 10.2307/2061670.

45) Kelli Miller and Annabelle Reyes, 12 Reasons Guys Get Distant After Sex: Find out why he's pulling away and what to do about it, July 21, 2023. https://www.wikihow.com/Why-Do-Guys-Distance-Themselves-After-Intimacy

46) C. S. 루이스, 『순전한 기독교』, 177-178.

47) 김도일, "MZ세대와 신앙교육," 『월간 교회성장』, 2021년 5월, 62-71.

48) 앤더슨·폴리, 『예배와 목회상담: 힘 있는 이야기, 위험한 의례』, 4.

49) 앤더슨·폴리, 『예배와 목회상담: 힘 있는 이야기, 위험한 의례』, 31.

50) 앤더슨·폴리, 『예배와 목회상담: 힘 있는 이야기, 위험한 의례』, 122.

사명선언문

너희가 흠이 없고 순전하여……세상에서 그들 가운데 빛들로
나타내며 생명의 말씀을 밝혀 _ 빌 2:15-16

1. 생명을 담겠습니다
만드는 책에 주님 주신 생명을 담겠습니다.
그 책으로 복음을 선포하겠습니다.

2. 말씀을 밝히겠습니다
생명의 근본은 말씀입니다.
말씀을 밝혀 성도와 교회의 성장을 돕겠습니다.

3. 빛이 되겠습니다
시대와 영혼의 어두움을 밝혀 주님 앞으로 이끄는
빛이 되는 책을 만들겠습니다.

4. 순전히 행하겠습니다
책을 만들고 전하는 일과 경영하는 일에 부끄러움이 없는
정직함으로 행하겠습니다.

5. 끝까지 전파하겠습니다
모든 사람에게, 땅 끝까지, 주님 오시는 그날까지
복음을 전하는 사명을 다하겠습니다.

서점 안내

광화문점 서울시 종로구 새문안로 69 구세군회관 1층
02)737-2288 / 02)737-4623(F)

강남점 서울시 서초구 신반포로 177 반포쇼핑타운 3동 2층
02)595-1211 / 02)595-3549(F)

구로점 서울시 동작구 시흥대로 602, 3층 302호
02)858-8744 / 02)838-0653(F)

노원점 서울시 노원구 동일로 1366 삼봉빌딩 지하 1층
02)938-7979 / 02)3391-6169(F)

일산점 경기도 고양시 일산서구 중앙로 1391 레이크타운 지하 1층
031)916-8787 / 031)916-8788(F)

의정부점 경기도 의정부시 청사로47번길 12 성산타워 3층
031)845-0600 / 031)852-6930(F)

인터넷서점 www.lifebook.co.kr